北大法学
教育改革丛书

北大法学教室 壹

民法教学方法

北京大学法学院 | 编

法律出版社 LAW PRESS · CHINA
北京

图书在版编目(CIP)数据

北大法学教室. 壹, 民法教学方法 / 北京大学法学院编. -- 北京 : 法律出版社, 2024
ISBN 978-7-5197-9170-4

Ⅰ. ①北… Ⅱ. ①北… Ⅲ. ①民法－法学教育－教学研究－高等学校 Ⅳ. ①D90-4

中国国家版本馆 CIP 数据核字(2024)第 100843 号

北大法学教室·壹
——民法教学方法
BEIDA FAXUE JIAOSHI · YI
—MINFA JIAOXUE FANGFA

北京大学法学院 编

责任编辑 吴 昉 罗 欣
装帧设计 汪奇峰 臧晓飞

出版发行 法律出版社
编辑统筹 法律教育出版分社
责任校对 王语童
责任印制 刘晓伟
经　　销 新华书店

开本 710 毫米×1000 毫米 1/16
印张 13.75 **字数** 198 千
版本 2024 年 6 月第 1 版
印次 2024 年 6 月第 1 次印刷
印刷 北京金康利印刷有限公司

地址:北京市丰台区莲花池西里 7 号(100073)
网址:www.lawpress.com.cn
投稿邮箱:info@lawpress.com.cn
举报盗版邮箱:jbwq@lawpress.com.cn

销售电话:010-83938349
客服电话:010-83938350
咨询电话:010-63939796

书号:ISBN 978-7-5197-9170-4
定价:49.00 元
凡购买本社图书,如有印装错误,我社负责退换。电话:010-83938349

编写说明

北京大学(以下简称北大)是中国法学教育的滥觞之地,是中国法学教学改革的先行者和探路者。北大法学院始终秉持科研与教学并重的立院方针,将教学与科研视作大学教师的基本职责,两翼不可偏废。近年来,北大法学院大力推进教学供给侧改革,增加教学产品,改善教学结构,提升课程质量,创新教学活动,引领中国法学界教学改革风潮。

多年来,中国高校中普遍存在"重科研、轻教学"的现象。科研在某些场合成为评价教师的重要甚至唯一的标准。这固然有我国整体科研水平尚处追赶阶段,难以从容实现与教学同步对接和良性循环的历史原因;同时,国内诸多高校包括教师个人,对"人才培养是大学核心使命"这一理念的认同感和接受度,仍然较为模糊和犹疑,因而出现了导向上的失衡。科研与教学是大学教师的基本职责,两翼不可偏废。但与以刊物发表、同行评价、会议交流等作为联结内容的法学学术共同体相比,教学共同体的观念和建设,在中国高校和教育界远未得到应有的重视。

北大法学院愿意为全国法学教学共同体的形成搭建平台。以每年 9 月 10 日教师节前后为约,北大法学院持续举办纯粹公益性质的全国法学教育师资研修班。不仅拿出北大法学院自家经验,更面向全国法学院校,邀请那些具有丰富教学经验、独到教学方法、积极探索教学改革热情的一线教师,围绕某一学科或某类课程,将他们的经验、方法和热情与全国高校法学教师分享。2019 年以民法教学方法为主题举办了第一届师资研修班,后因为疫情被迫中断;2023 年终于恢复,以刑法教学方法为主题举办了第二届;2024 年将以公法教学方法为主题举办第三届。《北大法学教室》就是对每一届师资研修班内容的记载,再现师资研修班的过程,让受限于时间和空间等无法亲临现场的老师和同学也能参与其中。

2019 年 9 月 4 日至 5 日，第一届师资研修班以民法教学方法为主题，邀请北京大学、清华大学、中国人民大学、中国政法大学、西南政法大学、中南财经政法大学等院校的民法专家分享教学经验并亲自授课，全国 80 余所院校的 100 名民法学科一线教师现场观摩讨论，由国内 22 所法学院校的 2017 级、2018 级本科生组成的班级作为授课对象参与教学互动。全国民法领域知名大家、栋梁学者、青年才俊、莘莘学子齐聚一堂，老中青三代民法人在思想碰撞中，合力呈现了一场堪称“民法教学博览”的精彩学术盛宴。需要说明的是，当时正值《民法典》编纂之际，很多讨论具有鲜明的时代背景，我们在编辑出版时，也完全保留了这些讨论，读者可以对照现行法典和司法解释的相关条文，来感受中国民法教学和研究的发展脉络。另外，其他相关信息也以当时记录为准。

《北大法学教室》的编纂与出版，是参与全国法学教育师资研修班的全国各大院校老师和同学们的集体作品，同时也得到了来自法律出版社、中国法律评论编辑部、北京大学宣传部等社会各界人士的关心、支持和帮助。在各方协力下，全国法学教育师资研修班以此种新的方式在纸上重现。在此一并致谢。

北京大学法学院

2024 年 4 月

目 录

开班启事

近年来,中国高校中普遍存在“重科研、轻教学”的现象,科研在某些场合成为评价教师的重要甚至唯一的标准。这固然有我国整体科研水平尚处奋力追赶阶段,难以从容实现与教学同步对接和良性循环的历史性原因;同时,国内诸多高校包括教师个人,对“人才培养是大学核心使命”这一理念的认同感和接受度仍然较为模糊和犹疑,因而出现了导向上的失衡。

科研与教学是大学教师的基本职责,两翼不可偏废。当前,关于青年教师在科研与教学中左支右绌、两难兼顾的话题时见报端。对此,不仅官方体制欠缺有效驰援,而且学术领域中各种自发性的、频繁的民间交流,在教学领域中也相对稀缺。以刊物发表、同行评价、会议交流等作为联结内容,学术共同体的轮廓已日趋成形,相比之下,教学共同体的观念和建设,在中国高校和教育界却远未得到应有的重视。

北京大学法学院历来强调以人才培养为中心工作,近年来投入较大气力,推行了一系列卓见成效的教学改革。在课程设置方面,增设案例研习课、实务课、写作课等新型课程,优化课程体系结构。在经验交流方面,对外举办五届全国法学教育高端论坛,邀请全国各大高校法学院院长共商教学,互补长短;对内举办教学午餐沙龙,邀请青年教师分享海外教学见闻,营造院内教学氛围。在管理措施方面,定期推出“教学工作简报”,提高教务工作的透明度并保障教师的知情权。在课外教学方面,设立“第二课堂”教学项目,鼓励和支持教师在正式课堂之外,带领学生开展读书会等教学活动。在课堂建设方面,举办“北大法学阶梯”系列教学讲座,树立教育者的尊荣感,整体性地促进课堂质量的提升。在北大(以下发言中均指北京大学——编者注)各院系的课程评估打分中,法学院近3年持续名列全校第一。

与此同时,我们也看到自身的不足,看到其他兄弟院校推进教学改革的有力举措,看到全国诸多优秀教师的课程创新,看到已经开始出现一些专门针对教学的研讨会和课程班。但我们更看到,大量的年轻教师在教学之路上艰难孤独的个人探索。正所谓“独乐乐不如众乐乐”“微斯人吾谁与归”,

建设一个携手共进的教学共同体,已经是中国法学教育界迫在眉睫的重任。

一个真正的共同体的形成,需要构建从业者普遍认可的沟通语言和可信赖的同行评价。对于教师来说,课堂就是职业生涯的中心舞台和试练场。开设一门什么样的课,才能实现符合时代需求的教育功能?如何把一门课讲好,才能在受学生欢迎的同时切实让学生受益?这些开课经验和授课方法,是为师者最为关切的问题,也是教师之间无障碍沟通的内部语言。谁能够回答好这些问题,谁才能得到真正受尊重的同行评价。不认清这一关键问题,任何个体的实践就不能形成建设共同体的合力,各种喧嚣的改革终将流于形式和泡沫。

这些问题的答案,不是哪一位教师或者哪一家法学院能够独立提供的,它需要有志于促进法学教育的全国同行共同提供。北大法学院愿意为此搭建平台。以每年 9 月 10 日教师节为约,北大法学院将持续举办纯粹公益性质的全国法学教育师资研修班,不仅拿出北大法学院自家经验,更面向全国法学院校各个专业,邀请具有丰富教学经验、独到教学方法、积极探索教学改革热情的一线教师,围绕某一学科或某类课程,将他们的经验、方法和热情与全国高校法学教师分享。

每年 9 月 10 日教师节,北大法学院欢迎有志于教学的全国同行观摩先进,分享经验,交流切磋,共同进步。在教学经验和方法的交流中增进情谊,在开放争鸣的研讨中欢度节日,一起探索优秀教师和优秀课程的民间标准,形成法学教育的教学共同体,建设中国法学教育的精神家园!

会 议 议 程

2019 年 9 月 4 日(星期三)

开幕式　8:30 - 8:45

主持人:车浩(北京大学法学院副院长)

致辞人:潘剑锋(北京大学法学院院长)

第一单元　主题发言 8:45 - 10:00

主持人:崔建远(清华大学)

8:45 - 9:00 发言人:杨立新(中国人民大学)

9:00 - 9:15 发言人:刘凯湘(北京大学)

9:15 - 9:30 发言人:李永军(中国政法大学)

9:30 - 10:00 自由讨论

第二单元　民法基础课教学方法展示与研讨 10:10 - 12:00

主持人:常鹏翱(北京大学)、于飞(中国政法大学)

10:10 - 10:30 基础课展示,授课人:朱庆育(南京大学)

10:30 - 10:50 基础课展示,授课人:孙鹏(西南政法大学)

10:50 - 12:00 自由讨论

第三单元　民法案例课教学方法展示与研讨 12:00 - 17:30

主持人:许德峰(北京大学)、张双根(北京大学)

12:00 - 13:00 午餐沙龙、案例研习方法交流会

主讲人:张家勇(中南财经政法大学)、朱晓喆(上海财经大学)、李昊(北京航空航天大学)

13:00 - 14:00 案例研习课程展示,授课人:金可可(华东政法大学),主题:“书画风波案”

14:00 - 15:30 案例研习课程展示,授课人:葛云松(北京大学),主题:

"侵占邻地案"

15:45－17:00 自由讨论

晚间学术论坛:"民法典时代"的中国民法学 19:30－21:30

主持人:刘凯湘(北京大学)、薛军(北京大学)

与谈人:杨立新(中国人民大学)、崔建远(清华大学)、钱明星(北京大学)、李永军(中国政法大学)、朱庆育(南京大学)、金可可(华东政法大学)

2019年9月5日(星期四)

第四单元　大班互动式民法教学方法展示与研讨 8:30－10:30

主持人:钱明星(北京大学)、袁治杰(北京师范大学)

8:30－9:20 互动式教学展示,授课人:茅少伟(北京大学),主题:"意思表示瑕疵:欺诈——民法基础课案例教学的一种尝试"

9:20－9:50 互动式教学展示,授课人:方斯远(暨南大学),主题:"民法渊源:法的发现三阶层"

10:00－10:30 自由讨论

第五单元　学生反馈与自由讨论 10:45－11:45

主持人:刘哲玮(北京大学)、金锦萍(北京大学)

闭幕式 11:45－12:00

主持人:刘哲玮(北京大学法学院院长助理)

总结人:贺剑(北京大学)

闭幕致辞:车浩(北京大学法学院副院长)

开 幕 词

潘剑锋

各位老师、各位同学：

大家上午好！

这个季节是北京最好的季节，金秋送爽，天气逐渐凉快起来。我们满怀着热情，欢迎来自80多所院校的100多位年轻的老师和30多位充满朝气的同学，共同来参加首届全国法学教育师资研修班。大家的到来可谓群贤毕至，令我院蓬荜生辉。在此，我谨代表北大法学院欢迎各位的到来，欢迎大家！

在不久前的一个研讨会上，教育部吴岩司长谈到教学改革的时候说，创建一流本科要严起来、难起来、实起来、忙起来，把教学质量提起来。在我看来，其实关键中的关键是脚踏实地、真抓实干地干起来。这方面北大法学院有很直观的体会——在北大学生对老师的教学评估中，最近六七年来法学院的评估结果都在前3位；特别是最近两年，连续名列全校第一。我们一些老师也在教学上获得了极高的荣誉，比如，在座的刘凯湘老师获得了“北京市教学名师”称号（全北大仅3位），在座的葛云松老师获得了首届“北京大学卓越教学奖”（全北大仅6位）。我们的教学改革项目也得到了北大的充分肯定，获得了学校特等奖。这些成绩的取得有很多因素，但很重要的一个因素就是近年来北大法学院一直在从事教学改革活动，有一批又一批老师投入教学改革中来。我们开设了一系列对学生能力培养有积极意义的课程，如案例研习课、实践课、普通法系列课程，还有初阶、中阶和高阶系列讲座课程。案例研习课参加教改的老师有10位左右，实践课也有七八位老师，普通法系列课程有五六位老师，讲座课程一个学期就有近30位老师投入。在改革过程中老师们积累了相当丰富的经验，他们也在不同场合做过交流。除了北大，我们也听到了很多兄弟院校的老师在教学方面的传奇。比如，西南政法大学孙鹏老师的课，据说即使去抢座也一座难求；还有华东政法大学的金可可老师、原在浙江大学现在南京大学的朱庆育老师等许多老师，在江湖上都美名流传。目前全国各大法学院都有一批老师在积极推进教学。

北大法学院从2014年开始组织全国高端法学教育论坛，至今已举办5届。我们邀请了各兄弟院校院长、主管教学的老师、一线老师到北大共同讨论法学教育问题，取得了很好的效果。今年我们考虑如何继续深化法学教育，北大在这方面应该进一步做些工作。经过讨论，我们决定组织今天这样的师资研修班。

本次师资研修班活动得到了广大兄弟院校的支持。中国人民大学的杨立新老师、清华大学的崔建远老师、中国政法大学的李永军老师，他们都是我很敬佩的老师，平常见到他们不是很容易，但面对这次邀请他们都慨然答应，让我们敬佩不已。另外，许多民法学界很有影响力的中青年老师，在收到我们的邀请后也都很积极地允诺参加，为研修班的师资力量奠定了坚实的基础。为了保证效果，我们最初计划招收60名老师，但报名人数达到约270人，最后只能扩容到100人；学生报名100多人，最后录取32人。可以说，今天的研修班集中了老中青三代民法学者，使研修班在内容上特别丰富，有主旨报告、示范课，还有自由讨论和讲课。这种在形式上、内容上、实质上的交流和思想碰撞，形成前所未有的研修活动，我相信大家一定会收获满满。

我在法学院曾跟我的同事和我的学生说：北大法学院应该有北大法学院的样子。北大法学院是什么样子？在我看来，北大法学院的老师是什么样子，北大法学院的学生是什么样子，北大法学院就是什么样子。在今天这样的场合下，我也想给大家提出一个小问题："中国的法学教育应当是什么样子的？这个样子的形成是由谁决定的？"或许带着这个问题，我们对应当如何对待中国的法学教育就会有更进一步的认识。把这个小小的问题提出来，就算我个人对本次研修班的小小寄语。

时间紧，任务重，接下来一天半的时间大家会非常辛苦。祝大家辛苦并快乐着！

谢谢大家！

会议实录

第一单元 | 主题发言

主题发言之一

主持人:崔建远教授(清华大学法学院)

发言人:杨立新教授(中国人民大学法学院)

主题发言环节是首届全国法学教育师资研修班会议议程的第一单元,同时也是本次研修班的重要组成部分。学院邀请到崔建远教授担任主持人,杨立新教授、刘凯湘教授和李永军教授分别做主旨演讲。

杨立新教授的发言主题是"法学教育中的读写短板与纠正",并结合自身教学体会,进行深入细致的讲解与指导。

崔建远:各位老师、各位同学早上好,非常荣幸担任这个单元的主持人,本单元共有三位专家,安排的时间是一位专家15分钟,我们严格遵循这个规定,现在有请中国人民大学法学院的杨立新教授发表高见,大家欢迎。

杨立新:各位同学、各位老师,早上好,潘院长请我来给大家做一个发言,我感到很惊喜,有幸参加北大法学院的活动,我给本科生上课很少,原来在烟台上过两门,主要是上硕士生和博士生的课。今天给大家做这个报告的主题是"法学教育中的读写短板与纠正",就法学教育中的读和写两部分来说。

现在法学教育当中有两个短板,以前我写过相关的文章,一个是阅读,另一个是写作。形成这一问题的原因是什么?我们的法学教育、大学教育都认为,写作课在中学就已经完成了,到大学的时候写作课并不重要。现在写作中存在两个问题,一个是学龄问题,另一个是毕业论文问题。这两个短板导致的问题是什么？第一，资料掌握不够、写作能力不强；第二，科研能力的培养比较差。现在读写两个短板集中表现在科研能力。学生接受本科教育、硕士生教育、博士生教育毕业后，能写出多少好文章推动法学的发展？没那么多。所以在这点上，这样的短板应当被纠正。在正常的课堂教育、基础课教育和案例教学以外，更重要的是训练学生的阅读能力和写作能力。阅读是掌握现在科研发展程度的最基本方式，现在很多学生把重点放在看教材、考试、拿学分上，然而，阅读和写作却成了问题。

就这样的一些问题，我们在法学教育中除应该进行基础课训练和案例课训练之外，还有一个很重要的任务——阅读和写作的训练，进而培养学生的科研能力。我以前在烟台大学教书，带本科二年级、三年级的学生搞研究、看阅读文献、写文章，这对他们的影响很大。现在最高人民法院的吴兆祥、叶钧老师都是当初从二年级、三年级开始写文章到现在，都是很有作为的学生，他们突出的特点是视野比较宽，写的东西比较好，所以尽早训练阅读和写作是一个很重要的方面。

在此基础上，我说一下自己的看法。应把阅读、写作方面当成老师自己的任务。王轶院长问我有什么诀窍教学生写文章，我说这是商业秘密，怎么能告诉你呢？其实也没有什么商业秘密，当成自己的任务去做即可，有科研能力、有突破的学生是很重要的，有几个做法可以介绍给大家听。作为导师（本科、硕士生、博士生导师）把对学生的阅读和写作当成自己的任务，自己动手，这一点很重要。学校把学生交给你以后，你怎么引导学生去阅读更多文献、培养其很好的写作能力，这要靠老师的自觉性。学校对于导师没有这一明确要求，但导师将其当成自己的任务好好引导学生去阅读、指导学生写作，对于学生的发展是非常重要的。我从自己的经验来看，认为有几个很重要的方法。

一是指导学生阅读和写作的方法，特别是给他们一个阅读的范围和思考问题的方法。我经常跟学生说，我这个老师没有什么能力，但会教你在喜欢的领域如何发展，成为这方面的专家，将来在这方面有作为。这需要教他们方法，让他们去阅读与写作，提高他们的能力。二是编范文，把以前我跟学生共同写作的文章编成册，让在校的学生去读，按范文的逻辑去考虑问题。三是我有一个很传统的教学项目，每年新生入学以后，让每个新生写一篇文章，我们有一个固定的时间——圣诞节前一天的下午把每个学生的论文讲一讲。这个方法很有用，能够对自己的学生有所了解，他(她)在哪个方面行还是不行，能写什么文章，判断这个文章有没有发展的潜力。我有个学生原来写新闻权，自己觉得挺好，等着被表扬，我说这个可以给老百姓做普法宣传，他就不高兴了。因此，学生没有很好的阅读写作能力不行，无法谈新问题。四是选择自己要精心培养的人。比如，中国政法大学的朱巍，开学的时候我让他写一篇文章，他用两天时间写了1.5万字给我，后来又改了改，文章在《现代法学》发表了。这种方式能引起学生的学术兴趣。

除此之外，应在自己的学生中发现有培养前途的人，并加以指导，让学生在学术中很好地成长。四川大学法学院的王竹教授是我当年很喜欢的学生，他有很浓厚的学术兴趣。他写文章有个特点，一开始把这个问题的思考方法全写下来，一个文章写三五万字没有问题，根据思考方法我就知道他怎么写论文，把三五万字的文章改成1.5万字就是很好的文章，并在《法学研究》中发表，现在他是青年教授中很好的代表。我们要抓住特别有前途的学生，倾尽自己最大的能力去指导，使他将来成为民法学界的好老师。

说完这些以后，我想简单提几点意见：第一，对学生的读和写的培养，应当从本科就开始，在本科的时候重视基础教育没有问题，重视案例教育也没有问题，要理论和实践相结合。但是达到一定程度的时候学生要大量地阅读，如法学名著、现代前沿的论文都应该广泛地去阅读，然后形成自己的学术兴趣，再好好写作。我建议本科课程安排法学文章写作，一个学期上十几天，好好研究一下文章的写作，这不仅仅是学术研究，在实践中也很有用。第二，老师应该好好地培养学生的阅读与写作能力，让他在这方面有很好的积累。第三，对于本科的高年级学生、硕士生和博士生，要引导他们好好地做研究，研究生就是要做研究，我们一定要把他们的学术研究、学术兴趣调动起来，使其找准自己的方向。

时间关系就说这么多，谢谢。

崔建远：我们教学以雄厚的科研基础作为支撑，杨立新教授在科研上有很多成果，讲了自己的体会和培养学生的经验，其实他在讲授方面仍然是强项,“侵权责任法”讲100场,让大家都“羡慕嫉妒恨”。

主题发言之二

主持人:崔建远教授(清华大学法学院)

发言人:刘凯湘教授(北京大学法学院)

刘凯湘教授认为,教师预设好授课目标并保持教学热情是教学效果的有力保障,同时应当重视传道与授业的关系,并指出原理与规则在教学时的相互促进作用。

崔建远:接下来由北京大学法学院的刘凯湘教授做主旨发言,他是理论与实践相统一的典范,分享的教育经验一定对我们很有帮助,有请刘凯湘教授。

刘凯湘:谢谢崔建远教授,各位老师、各位同学上午好!当时院长、负责教学的车浩老师及各位老师提出组织法学教育师资研讨培训,这是很好的动议,首届培训的专业是民法。为什么选择民法?我跟车浩老师开玩笑说道,第一届选择民法专业有两个因素:一是应了我们国家重要的立法活动——《民法典》编纂,《民法典》编纂是党中央的政治任务,也是民法学的工作。二是北大法学院的民法师资、民法教学是整齐的、壮观的,我们有一批优秀的中青年民法老师,像葛云松老师、许德峰老师所开创的民法案例研习课程,不仅在法学院,在北大都是很有影响的,而且民法在法学里是“显学”,所以我们民法同仁很乐意也很高兴配合院里举办首届全国法学教育师资研修班。

第一,刚才杨立新教授从法学学生、法科学生怎么阅读和写文章的角度谈了自己的看法,就教学、课堂教学尤其是本科教学(涉及研究生,但以本科为主)而言,其实每个老师都有自己的讲课风格,无论是语言还是表达的姿势都有不同的风格。但是从学生的角度来讲,一堂课听下来,听“民法总论”“物权法”“债权法”,从听课角度收获如何,得到什么样的启示、知识,得到什么样的学习方法和受到什么样的影响,当老师怎么知道这些东西?我毕业之后就当老师，做民法老师、研究商法，到北大也是当老师，以教民法为主，自己慢慢地、有意识地去琢磨怎么样把每堂课教好，把法律原理、概念教好，把每一章、每一节、每一个规则教好。怎么教好，判断标准需要自己去琢磨。第二，如何实现你想要达到的目标。当老师最大的一点是对教学尤其是对民商法要有来自本心、内心的喜爱、热爱，也许你不是天生的热爱法学，但如果没有基本的兴趣并热爱它，走到讲台比较痛苦，就很难把课讲活。你热爱这个东西，你会充满激情，会期待这 50 分钟、期待这门课，我听过很多老师的课，热爱这个课程、热爱教学、热爱学生是把课讲好的最基本的条件，不能仅仅当作任务去完成。所以当老师最重要的任务是把课程备好，把讲台站好，把学生教好，你自己愉悦，有成就感；学生高兴，给你高评价，自己也非常愉快。第三，发表文章也很好，但这不是本分。课没有教好就对不起老师这个本分职业，对不起老师这个职业称呼。所以首先要热爱职业，热爱民法，而不是强迫自己。

怎么样把一堂课、一门课、一个学期的课讲好，进而让自己终生获得愉悦的职业成就感？可能有三个关系的处理。我一开始当老师是在北京工商大学，学校组织中青年教师竞赛，我获得了当年唯一的一等奖，回到北大以后也得过法学院的荣誉教师。我认为把一门课教好需要注意几个关系的处理：一是教学内容与教学形式（内容与形式）的关系；二是传道与授业的关系；三是一门课的原理和规则的关系。这三个关系是交互交叉的。

第一，内容与形式。比如讲“民法总则”“物权法”，基本东西就在那儿，但为什么有的老师讲得非常好，有的老师讲的学生不爱听？你在如何讲解内容以及服务于内容的形式方面是否做了一些琢磨和设计。所谓的启发式教学、案例教学，讲民法，讲总论、讲物权、讲债权，不可能不讲案例，而只是干巴巴地讲理论、法条。很多案例既是内容又是形式，但问题是你什么时候讲案例，是先讲案例再引出法条，还是先引出一个规则、原理再讲案例，或是讲案例后归纳出民法的原则出来？问题在于你讲这个问题时选择什么样的案例，是哪个民法法条，是侵权责任法还是公司法之类的，是真实的案例还是杜撰的案例，是司法考试的案例还是最高人民法院的案例也很重要。学生一听案例本身很有兴趣，然后故事、人物、时间、地点、隐藏的东西让他们的思路跟进,将他们引导到规则原理方面。

又比如说PPT,这几年我才学会用PPT,以前我很反感,我发现用粉笔把案例写出来比PPT好,但你要习惯用PPT,PPT写到什么程度,板书到什么程度,甚至课堂上从台上走到台下,坐一会儿。这不需要精心设计,大部分课做不到,但你可以用更为活跃的形式,让形式服务于内容,至少讲课不枯燥,学生听起来不累,你自己讲起来也不累,也可以调节一些方式、走姿甚至肢体动作。我在北京工商大学的时候,学生反映有个老师讲课不合格,我就去听了一下:身体从来不动,就站在讲台上看黑板或者低头看讲稿,这样讲起来自己很累,学生很枯燥,也许老师自己不累,没什么激情,但学生听起来很累,老师不会有成就感,没有跟学生互动,没有把知识传授给学生的感觉。所以民法老师的激情很重要,民法规则、原理、案例都是非常有意思的东西,你把很有价值很有意思的东西讲得那么枯燥是不是也觉得很累。

第二,传道与授业。有的老师花很多时间讲权利、义务、法律渊源、法律与政治、法律与经济,但是没有说什么是法律、法学、民法、法律体系,而这些是必须要教给学生的,学生怎么看待中国法律、中国经济、中国政治环境很重要,要学生知道这些东西,又没有给他真实的东西,所以讲民法的人要有基本的三观培养,这需要在课堂中体现出来,让学生科学地看待民法、法律、法治、法学。

第三,原理与规则。民法无论是总则、物权、债权,最后一个层次是理念还是原理、具体规则,有的很抽象,体现价值理念或者原则;有的体现规则——具体权利义务关系的规则。例如,诉讼时效。我们讲价值、功能,民法中为什么有这个制度,不行使这个权利过一段时间就失去效力了。为什么要搞这个制度,价值是什么？教材上说是为了法官及时地审理案件,为了举证、找到证据,为了诉讼人行使权利。我就琢磨,跟学生讲,民法是权利本位,诉讼时效过一段时间就没了,怎么是权利本位、权利宣言呢,到底为什么呢,怎么起到督促作用呢？所以诉讼时效根本上是体现权利义务关系稳定性、安定性、社会关系的具体性,因为这种价值法律才设定诉讼时效。把这种架构讲清楚以后,具体规则问题,比如中止、延长,你自己讲的时候就有结论,对学生的思考也很重要。比如,中断,怎么中断,有二审、再审,有撤诉、驳回起诉、驳回请求等,到底怎么算?这些是规则层面,之前的架构是什么,理念原理说清楚再说具体规则,这样法律问题会讲得更为透彻。这是原理与规则的关系。

大概说这几点,时间也到了,谢谢大家。

崔建远:热爱、激情、琢磨、内容形式、传道授业,对我们一直纠结的问题,刘凯湘教授给出了他的体会,大家肯定受益匪浅。

主题发言之三

主持人:崔建远教授(清华大学法学院)

发言人:李永军教授(中国政法大学)

李永军教授首先介绍了1978年以来中国政法大学的教学改革经验,随后结合自身教学体会,强调了法教义学在民法教学中的重要性、挖掘本土化资源在教学与研究中的重要性,并提示在教学中要留意举例与判例的区别。

崔建远:下面有请中国政法大学乃至中国民法界的"风景线"李永军教授给我们传授经验,有请。

李永军:各位老师、各位同学大家上午好!非常感谢北京大学法学院,感谢潘院长、刘凯湘教授、车浩教授邀请我来参加这个会议,这个会议无论对我还是对大家来说都非常重要,也非常及时。为什么这样说?如果对一个人的评价、对一个学校的评价仅仅看发表了几篇文章、做了多少个项目,一个大学评价好不好就看发表了多少成果,而不考虑实际教学水平,那么疾风过去之后是平静,我们恰恰在此时展示一个法学院的真实水平,这才是真正的成功,所以我们今天讲什么是教学成功。刚才杨立新老师和刘凯湘老师讲的内容我都同意,我从另外一个角度就中国法学教育、就中国政法大学的教育谈一下看法。

从1978年开始我就主张中国政法大学进行改革,改革的直接方法是老师们积极备课,到这儿来先谈一谈、看一看,你讲什么,我讲什么,我不说方法,而是说教学内容。这个方法很重要,很多人教了很多年不知道别人讲的是什么，通过这个发现教案有问题，要么漏了一块，要么重于形式，有哪些不一致最后大家再研究再探讨，这是促进老中青结合的方式，把中国政法大学的传统传承下来。这是中国政法大学做的，效果比较明显。

但我今天讲的重点不是这个，我讲三点：第一，法教义学的重要性，其在案例和基础课上的重要性。实事求是来说，法教义学主要是以现行法律为基础，对法律进行解释和体系化的整体工作，不仅对现行法律提出解释、提出批评、提出建议，在教学中法教义学也非常重要。如果没有法教义学，法律共同体很难形成，没有对话的途径。我们教学教什么？教学要有本，但不是为了标新立异而故意地去“特”，我们编纂《民法典》的时候，几乎没有概念是相同的，你会发现每一个问题千差万别，有很多种意见，这是中国特色。所以从《民法典》编纂可以看出，这跟长时间的研究标新立异有很大关系。很多大学硕士生、博士生写论文，过于追求标新立异已经没边没谱了，这样的做法是非常可怕的。我们每年发很多文章有很多观点，但仔细用法教义学来看会感到非常可怕、非常吃惊。我们现在给学生上课，他们面临的是捉摸不定的概念，对他们的未来会产生什么样的影响是每个老师要思考的问题。我不是要搞统一思想、统一认识、统一步调，这不是教育要做的，但有没有对法律大概统一的认识，是法教义学很重要的认识，这对形成法律共同体、未来法律的适用和解释都是非常重要的。我们首先不要为了新而求异，这是我想说的第一个问题。

第二，本土化的问题。教学一定要注意本土化资源的挖掘，现在不少老师上来就是德国怎么说的、英国怎么说的、美国怎么说的，最后我们的规定不行。最后教出学生写论文都是这样的，“比较研究，德国这样规定的，美国这样规定的，法国这样规定的，我们中国不行，所以要改”。你为什么不觉得他们不行他们要改，而是我们要改呢？所以我们写文章有很多本土化资源挖掘不够的问题，不太注重本土化资源的研究，包括判例、规则和现有的法律。这也跟我们的制度和配套的东西有关系，一个学者发表文章，一看没有外文资料就说有问题，有人经常指出来：“你怎么没有外国文献呢？”为什么一定要有外国文献？有外国文献固然好，是一个方法，没有外国文献就不是一个方法吗？美国人、德国人写论文就没有中国文献。这跟我们的教学有很大关系,有的学校教学生是美国这样、英国这样、德国这样规定,整堂课不是解读中国法律,而是评价中国法律,我们有没有这样的问题?有则改之,无则加勉。

第三,关于举例和判例的区别。我认为举例和判例是有区别的,我们举例是为了说明和阐明原理,这是法学、法教义学不可或缺的一部分,金可可老师的例题示范是法教义学比较典型的做法,德国很多教科书都是这样的。但我认为这不是典型的判例研究,而是属于例题示范,是为了阐述原理。这和判例有什么区别?第一个区别是这种案例可以编出来,没有实际发生,比如,金可可教授讲的这个案例我认为可能是编的,所以举例教学是可以编案例的。很多教授可以编出案例,教学过程中可以举出 10 个问题,但不是来自真实的案例,它是编出来的。但是判例不一样,判例是真实的。第二个区别是工种不一样,进行判例研究的人在说一个民事规范和商业规范发生了变化,法典的规定被突破或者被改变了,我们判例研究的目的是看规则和规范的演变过程。比如,法院告法院的问题,在很多国家都是判例提出来的,判例一开始是这样的,后来是那样的,再后来又否定了,最后又演变出来了。中国也是这样,如对赌协议、以物抵债,一开始被认为是实践合同,后来被认为是诺成合同,最后最高人民法院规定在什么情况下是诺成合同,什么情况下是实践合同,所以规则的变化很重要。以一个国家的法典看国家法律的正确性是有问题的。比如《法国民法典》,只读法典不可能了解法国的真实情况,将判例和学理结合起来研究才能了解真实的情况。不看判例规则、不看具体的司法判例,很难说了解中国的法律。因此,研究的判例和上课的举例是不太一样的,本科生教学中,进行判例教学在我看来是不太准确的,其实是举例教学,举一些例子来教学。

我就说到这儿,谢谢大家。

崔建远:对于李永军教授讲的内容,我的体会很深刻,这让我很敬佩。现在教学投入那么多精力实在是负担很重。李教授强调法教义学给了大家一个共同的话语平台,也讲了从中国判决中能看出其他国家和地区没有出现的问题,中国问题和意识是宝贵的经验。

接下来有一段讨论时间,我利用主持人便利谈一谈听他们三位专家讲后我脑海中浮现出的对大家可能有意义的形象。一个是我的老师对着镜子看表情，把这个用在教学上，所以他的讲课类似评书，我经常当着他的面说很有趣味性和吸引力。还有我在吉林大学念书和教书的时候有一位法律史的老师，他一会儿胳膊肘在桌子上放着，一会儿转向另外一个地方，老先生学富五车，听他的课很享受。还有一个是吉林大学婚姻法方向的李老师，他是一学期有多少节课，最后一堂课"婚姻法"正好结束，每节课的内容也正好结束。我一直羡慕不已，我要么是今天的课讲多了、要么明天少了，怎么和教学计划吻合，他非常好地做到了这一点。另外，我感受到了教师和学生的交流的重要性，如果老师的话语不太符合青年学生的"口味"，有的学生就不愿意听。在这里提出问题，年龄大一些的教师的授课方式是不是还要适应今天的青年学生？我不耽误大家的时间了，这个单元到此结束。

第二单元 | 民法基础课教学方法展示与研讨

主持人：常鹏翱（北京大学）、于飞（中国政法大学）

常鹏翱：根据两位老师的意愿，本来每位老师是20分钟的时间，但我觉得20分钟讲起来不过瘾，就自己加长，讲半个小时。而且，下面讲课的两位老师是中生代的力量，他们不仅学问做得好，课讲得也好。下面掌声欢迎朱庆育老师。

朱庆育：时间很紧张，给定的时间是20—30分钟，我选了一个小问题讲一下。问题虽小，但也有无限展开的可能，如果是在课堂上还会有一些提问、互动，但有的时候没有提问，我就自己接着讲。

限制行为能力与法律行为效力：把限制行为能力的规定和行为效力放在一起讲比较顺一些。我们已经知道什么是限制行为能力，怎么影响法律行为的效力，法条主要是《民法总则》第145条，涉及与《合同法》第47条的对比，以及《民法通则》和相应的司法解释的对比，根据关联程度来排，关联程度比较密切的是《民法总则》。我分两部分来讲限制行为能力人实施法律行为，一部分是有哪些行为是可以自由实施的，另一部分是不能自由实施的，我称之为受管制的行为，受管制的行为涉及催告与撤销的问题。我们先来看可以自由实施的行为。《民法总则》第145条第1款第1分句是这样规定的，“限制民事行为能力人实施的纯获利益的民事法律行为或者与其年龄、智力、精神健康状况相适应的民事法律行为有效”，限制行为能力人不需要多解释，那怎么实施法律行为？有两种，先笼统地说可以自由地实施，先不说有效性问题，第一，纯获利益。什么叫“纯获利益”，做了一笔生意和交易之后有得赚就获利，这是一个很通常的想法，但这个想法是有问题的。

从文字当中我们会看到，交易之后一般能获得利益，但法条用的表述是“纯获利益”，假定立法者能够有意识地去使用语言，加一个“纯”字跟我们一般日常所说的获利不一样。比如，我讲刘凯湘老师是好人，这样的话，好跟坏的结果相抵是好；如果说是“纯好人”就意味着完全是好人，没有坏的。这个“纯获利益”不是说收益减掉损失如果是正数就是“纯获利益”。要解释“纯获利益”就要去问为什么这里说的是“纯获利益”，立法考量是什么或者规范意旨是什么。在这个解释当中我们会发现一个有意思的现象，当我们去回答法律是什么（解释法律就是回答法律是什么这个问题），一般情况下是回答另外一个问题——为什么。我们用回答“为什么”这个方式回答“是什么”，从这里可以看到为什么要“纯获利益”？我们说限制行为能力人需要受保护，他们在法律交往当中不应该受到来自对方的伤害，让限制行为能力人不受来自他人的伤害，所以限制为“纯获利益”的民事法律行为就可以自由实施，自由实施的意思是说不必受到管制，不受到管制的一个最直接、最典型的方式是不必由他的法定代理人介入。为什么“纯获利益”能够保证不会受到伤害？为什么实施此项法律行为的时候不需要由法定代理人介入来权衡？如果用结果来判断，收益减去成本或者减去损失是一个正数，有的赚、有利益，我们就说不会受到损失，因为这样可以保护他们不会受到伤害，好像也符合规范目的。但有一个问题：用结果来判断此项行为是不是可以自由实施的行为是一种倒推的思考，也就是说，在这个行为实施以后，结果出来以后，甚至产生纠纷以后，再来判断此项行为对于限制行为能力人来说有没有获益。我们知道，限制行为能力人实施一项法律行为或者任何人实施一项法律行为，有效性是在实施行为当时来判断的，以实施行为当时作为基点来判断。如果以结果来判断是不是“纯获利益”进而推断是否可以自由实施，则限制行为能力人在实施行为时我们无法判断它是有效还是效力待定，等到结果出来以后才能判断，这不符合法律行为有效性判断的一般规则。

第二，之所以要对限制行为能力人进行保护，是因为在进行一些交易时，他的理性能力不足以充分思考以保护自己的利益。也就是说，如果超出他的判断能力范围，这个时候法律其实是要求法定代理人在他实施行为之初就介入并替他衡量的。如果以结果来判断是不是纯获利益的行为，在实施此项法律行为的时候，法定代理人很难介入，因为限制行为能力人只要觉得自己去实施没问题，就会自己去实施，就不会存在法定代理人是否需要介入的问题。这样，限制行为能力人所实施的行为受到保护的程度可能就会降低。所以这里的"纯获利益"不是从经济角度核算收益减去成本，那么怎么核算？既然是在行为实施的时候确定地知道此项行为可以自由实施，法定代理人不必介入，最确定的考量是什么，是根本不会受到不利益，如此就能够理解"纯获利益"。但这个利益是不是经济利益，一般来说，对他进行保护，让法定代理人判断利益大小可能不是我们所关注的，我们所关注的是不会受到不利益，这个"不利益"在法律规范上表现为"义务"，即不会因此而负有任何义务。换句话说，这里所说的"纯获利益"指的是实施相应法律行为只享有权利，而不负有义务。所以，这里的利益根据规范目的做一个限缩解释，是纯获法律利益，以权利义务来衡量，这就是所谓的"纯获利益"。

那么怎么判断"纯获利益"？我们的法条并没有说什么是纯获利益。最高人民法院《关于贯彻执行〈中华人民共和国民法通则〉若干问题的意见（试行）》（以下简称《民通意见》）第6条规定，接受奖励、赠与等，他人不能以对方为限制民事行为能力人为由主张以上行为无效，在解释上一般把这几种情况解释为纯获利益。这有点问题，接受奖励是来自什么的"奖励"没有得到界定。有可能是公法性质的奖励，也有可能是私法上的奖励。接受奖励没有展示这个奖励所体现的法律关系，所以很难判断是不是纯获利益。但就接受奖励本身，不管因为什么而接受奖励，只看接受奖励本身，好像是纯获利益。赠与一般是纯获利益，因为受赠人只享有权利而不负有义务。报酬这个问题稍有一点麻烦，当我们使用报酬这个概念的时候其实已经隐含着他付出了代价，所以才会有报酬。这样的话，报酬所对应的契约一般来说就是一个双务契约，双务契约一般是让双方负有义务，纯获利益是只享有权利而不负义务，会不会和《民通意见》有冲突？有两种解释方向：纯获利益是只享有权利而不负义务，这种解释才合适，如果负有义务，我们很难说是纯获利益，有关限制行为能力人的规范意旨就很难被充分贯彻，所以这个解释没有问题的话，我们就需要另外一个解释方向，就是《民通意见》第6

条如果被解释为纯获利益,有没有可能把报酬解释为纯获利益?假如承认物权和债权行为分离,作为物权行为的受领报酬本身不含确立义务的负担行为,就可以把《民通意见》第6条所说的"接受奖励、赠与、报酬"和我们所说的"纯获利益"协调起来。当然《民通意见》第6条的规定"不得以……主张以上行为无效"是什么意思,这里不再展开了。

概括一下,有一种行为限制行为能力人可以自由实施,不必经法定代理人的权衡,这种行为是纯获法律利益行为。所谓"纯获法律利益"指的是只享有权利而不负有义务。但公法义务算不算义务?比如,附负担的赠与算不算纯获利益,这个我们以后可以继续思考。

第二种限制行为能力人可以自由实施的是与其年龄、智力、精神健康状况相适应的民事法律行为。初看这样的规定可以接受,行为人有时间年龄段,在这个年龄段当中处于一个不断成熟的过程,那么根据理性状况,实施这些与理性状况相适应的行为会帮助他进一步成熟起来。进一步成熟起来之后他的理性范围会增强、理性能力会增强,于是又会使他可实施的行为范围进一步扩大,这样的话形成良性循环,直到成年变得完整。这里我们可以看到,人的成长是一个渐进的过程,而不是到8岁、10岁、18岁突然之间变得成熟,法律规则本身告诉我们人的发展是一个不断成熟的过程。如果这样解释,这个法律比较适应我们的现实情况,和实际比较贴近。但还有问题,如刚才所说,为什么限制行为能力人有一种自由行为是纯获利益,不能有任何不利益,因为不好判断,尤其是在行为实施的时候不好判断,如果行为实施的时候不好判断,法律就无法确定在这个行为实施的时候法定代理人有没有义务介入。如果以结果来判断,当初实施那个行为的时候本来是有义务介入的,这时候可能为时已晚。根据年龄、智力、精神健康状况来决定他是否有权实施行为会出现同样的问题。限制行为能力人在选择实施一项行为的时候,如果愿意实施,自己的判断肯定是有能力去处理,尤其是青春期的限制行为能力人,觉得自己的力量和能力无穷大,觉得什么权威都不信,觉得什么都可以挑战,正是建立信心的时候,这个时候让他处理一切事情都不是问题。这就意味着让限制行为能力人自己来判断其有没有能力处理超出他能力范围的事务是不现实的。限制行为能力人的理性不足本身就意味着其无法判断自己是否有能力去处理这些事务，实施此项法律行为。但就年龄、智力、精神健康状况标准，如果从正面去理解，恰恰是告诉我们，对于一项行为，如果限制行为能力人觉得在他的这些范围之内可以去实施就去实施，什么情况下才能得出不能实施的结论？当结果出现以后才发现限制行为能力人处理不了，尤其是以发生纠纷为原型，法官说这个限制行为能力人的法定代理人应该介入，为什么当时没有介入？这样的规则会出现同样的问题，就是当时实施法律行为的时候，法定代理人要不要介入只能事后判断，这对于限制行为能力人的保护不是很充分。所以从个人角度来说，我对此一直持怀疑态度，但很少有人去质疑，我们的提问方式是自由实施，那怎么界定它的标准？如何去判断什么样的行为在他的年龄、智力、精神健康状况范围之内？从《民通意见》可以判断，在10周岁以上，所有这些因素判断都是事后判断，而对于限制行为能力提供保护是要求在行为当时提供保护，这就会导致一个问题，每一个限制行为能力人所实施的行为都是不确定的，效力取决于结果。我觉得解决办法是不要有这个规则，但现在还是延续了这个规则，那怎么办？应尽量限制空间，让此类行为的判断越严格越好，让法定代理人能够介入的程度越深越好。这是我的个人理解，朝着这个方向去适用它。但这要如何把握，是法官根据个案如何裁量要判断的问题。

顺便解释一下为什么有年龄、智力、精神健康状况？因为限制行为能力的因素有两种：一种是年龄，另一种是神智能力。我们的法律根据年龄和精神健康状况确定行为能力，用一套规则处理好不好？我们可以思考，年龄逐渐增长，理性能力逐渐增加，对于正常人来说是一个稳定的过程。但如果神智有问题，如精神病患者，则是处于高度不稳定的状态，可以考虑两种情形能不能用一套规则。不过大多数情况下不会出现很多问题，即使出现问题法官还可以根据个案去衡量。

以上这两种行为实证法规定可以自由实施。自由实施的意思是什么？我刚才一直说自由实施，不必由法定代理人介入，没有涉及效力问题，我都是从行为和要素本身来判断其是否可以自由实施、不受管制，这是因为法律效果的表述有讲究，《民法总则》的表述直截了当说有效，但《合同法》第47条的表述是不一样的，第47条第1款当中表述“不必经法定代理人追认”，不知道为什么《民法总则》的表述和《合同法》的表述不一样，可能有意为之，也有可能当时这样表述比较顺，没有考虑《合同法》表述有没有特别意义和特别价值，解释起来它们之间的差别没有那么大，但如果我们对用词讲究一些，我们当然不能说这些行为直接可以被判定有效，我们只能说此类因素不会影响限制行为能力人所实施行为的有效性，这和直接判断有效是两回事。一个法律行为的有效性会受到很多因素影响，这里只是表明这个因素不会影响它的有效性，所以这里说的有效其实是解释为这类行为不会影响它的有效性。如果也存在其他有效行为的法律因素，我们可以得出结论是有效的。由此可知，《合同法》第 47 条第 1 款"但书"的表述更规范，"不必经法定代理人追认"，意思是实施此项行为的时候，法定代理人不必介入，不必因为没有同意和事后追认而影响它的有效性，从表述上个人感觉更通顺一些。关于《民法总则》第 145 条第 1 款第 1 分句解释到这里，一是纯获利益判断标准不明确，二是相适应判断标准很模糊，我个人建议尽可能朝着严格的方向去把握。

除自由实施行为之外是受到法定代理人介入的行为，简单说就是需要法定代理人同意或者追认。我同样用关键词标出来了——"民事法律行为"，《合同法》第 47 条第 1 款前段规定的是"限制民事行为能力人订立的合同，经法定代理人追认后，该合同有效"，该条说的是合同，这里说的是民事法律行为。如果再往前追，根据《民法通则》第 58 条的规定，这种行为无效。《民法总则》出来之前我上课的时候解释说，不能简单说《合同法》改变了《民法通则》，因为《合同法》规范的是合同。这里明确行为人订立的合同需要追认，会形成效力二元结构。如果是合同行为，我们就会说需要追认；如果是非合同行为，一般情况下是单方行为，适用《民法通则》，行为无效。很难说这是立法者有意为之，《民法总则》出来后可以说这是立法者无意产生的结果，《民法总则》把它统一起来，"实施的其他民事法律行为经法定代理人同意或者追认后有效"，限制行为能力人实施的无论是契约行为还是单方行为，效力规则一体都是可追认的。追认之后有效，这个表述和前面的问题差不多，就不多说了。

花费时间谈单方行为和契约行为之间规则的变迁过程，不可能这样结束，肯定要说这当中有什么问题。我们要去思考一下，《合同法》和《民法通则》并行的时候效果更好，还是我们相信《民法典》出台后只有一个规则，《合同法》和《民法通则》都废止，效力规则是否为一元结构更好？先讨论它有没有更好，哪种是更好，如果讨论完之后，哪种方式不够好我们在实证法范围内讨论有没有可能朝着好的方向去解释；有没有更好涉及后面的催告与撤销，在此先放一放。这里先说《民法总则》是把同意或者追认放在一起，乍一看没有问题，都需要法定代理人的意志介入。有两个小问题，第一，同意或者追认并举，意思说追认是事后表示，如果两个词放在一起，前面的同意就不包括后面的追认，否则语词使用会重叠。这里用的同意是事先同意，如果同意是事先，追认是事后，找一个共同的上位概念有点不太容易，我们一般说事先对应的是允许，事后对应的是追认，这就有一个共同的上位概念——同意。这样使用比较清楚，但这里没有讲究，直接说同意或者追认，但我们使用“同意”概念的时候同样需要对语义进行限缩，仅指事先同意。第二，涉及单方行为和契约行为的问题。在所有的法律行为中，只要是受管制的法律行为，正常要求是应该先征得法定代理人的同意，换句话说，对于所有受管制的行为，法定代理人都应该在限制行为能力人实施某项法律行为的时候介入，代替他进行考量。那是否所有未经法定代理人事先允许的行为，法定代理人事后都有通过追认补正的机会？这涉及单方行为和契约行为的不同。

我们看一下《民法总则》第 145 条，这个规则说需经法定代理人同意或者追认，假如没有得到事先同意需要他来事后追认怎么办？之所以会问这个问题，是因为这个时候相对人会处于一个不确定状态，如果事先同意相对人实施法律行为，那么该行为的法律地位是确定的。问题是限制行为能力人本来应该征得法定代理人允许，再去和相对人实施法律行为，这时候限制行为能力人没有这样去做，直接跟相对人缔结了一个契约或者实施了一项法律行为，作出了意思表示，这时相对人发现你是限制行为能力人，不在自由行为之列，该怎么办？法律规定是否有补正办法？法定代理人追认，于是等待追认的过程就是相对人地位不确定的过程，等于是说我们已经实施的此项法律行为最终的有效性取决于限制行为能力人这一方。契约有效性取决于其中一方是不对的。我们就要问,为什么这个时候法律规则的设计会让相对人处于不确定的状态,把此项法律行为有效性交给其中一方当事人去决定。往前追溯会发现,之所以会出现这种状况是因为相对人本来就不应该单独和限制行为能力人实施法律行为,如果你做了这件事就要承受风险,这个风险首先是不确定的状态,等他的法定代理人同意还是不同意,之所以在这个时候相对人的不确定状态在法律上有正当性,是因为相对人本来不应该和限制行为能力人在没有法定代理人介入的情况下实施一项法律行为,所以需要付出代价。

不确定性有代价,那么这个不确定性有没有度?是不是说,既然已经取决于法定代理人,那么其就可以不受任何限制。例如,法定代理人说:"你等着吧,等我留学6个月回来之后观察一下市场,如果我认为做这笔交易对我的未成年人有利,我就追认。如果没有就不追认,所以别着急,我先好好观察市场再说。"如果相对人的不确定性到这种状态,天平有点不平。因为相对人和限制行为能力人直接实施法律行为,于是相对人的代价是不确定性,这时天平是平的。但如果相对人的不确定状态加剧,那么这时直觉会告诉我们这个天平好像不太平,我们设计法律规则时会想,是否需要一个办法让不确定性得到一定的限制,而这个限制跟双方都有关,由双方的意志来决定不确定性到什么程度,于是一个规则就出现了——催告。

催告由相对人发动,相对人如果觉得忍受不了不确定性,可以发动催告,让他的不确定性尽快确定下来。催告对方尽快决定追认还是不追认,催告是准法律行为,但催告不是有义务追认。催告后被催告方既没有义务追认也没有义务去否认它,联想到刚才需要通过催告确定相对人不确定的法律地位,我们就知道原因了。一个月起算追认期,一个月是否合适我们可以讨论,但催告的效果是起算追认期。这时候就能够理解为什么催告是准法律行为了,因为催告的时候不必包含追认期,只要催告即可。《民法总则》相比《合同法》有一个进步是确定了起算期,自收到通知之日起算。《合同法》是一个时间段没有起算点,这个时间段是没有意义的。《民法总则》有了起算点,相对于《合同法》来说是一个进步。

催告之后起算追认期,还是有一个期间来思考要不要去追认?如一个月的时间，这一个月之内越是商事交易，市场越是瞬息万变，相对人可能等不了那么久。对此，相对人除了催告有没有另一个脱困的办法，这个脱困的办法又不能以损害限制行为能力人的利益为代价。催告后相对人处于不确定状态，比如，绳子吊在脖子上，到底是拉闸还是不拉闸，给一个痛快，管闸的人说我想想，被吊着的人很痛苦，还不如一了百了。所以通过“自杀”的方式让自己脱困，“自杀”不会损害别人的利益，交易不做了，一拍两散，双方不会从契约当中获利、受损，对于限制行为能力人的保护不是让他获益，而是让他不受伤害。纯获利益行为才可以实施，因为从获益角度来说，只有在这种情况下才确定不会受伤害，所以从保护限制行为能力人上来说，这是消极保护，只要不会受到伤害即可。撤出交易至少让相对人不受到伤害，没有理由不给相对人这个权利，所以相对人除了催告之外还有一个撤销权。这里需要知道此处的“撤销”和欺诈胁迫里的“撤销”是不一样的，只要知道这点就可以了。至于在实际案子中怎么用撤销，问题也不大。

综上可知，这时相对人有两个权利，一是催告权，愿意去行使催告权是因为有希望，希望这个交易能做成，所以发出催告。二是撤销权，相对人基本上不抱希望，另外寻找商机，让相对人不确定的法律状态确定下来。说到这里，这和前面的单方行为和契约有什么关系？我们接着要问，社会上所有人都应该享有催告权吗？是的，这是法律地位不确定导致的一项制度，而这项法律地位不确定导致的制度要适用于所有相对人，因为所有相对人法律地位的不确定都应该有边界。

然而，撤销权是否适用于所有相对人？这个问题不一定，因为当你不想做交易，对方也不想时，虽然不会给对方造成损害，但有时间成本和非规范性成本。而且假如相对人明知对方是限制行为能力人，明知此项行为超出他的判断能力，明知他没有得到法定代理人的允许，还与这个限制行为能力人缔结此项契约，那么此时好像没有必要去保护相对人。这个意思是没有必要以撤销权的方式保护他，只要让他的不确定的法律地位能够有边界就足够了。因为如果相对人明知道对方是这种情况还愿意实施交易，就意味着其愿意冒着对方追认或者不追认带来的不确定性风险来实施此项交易，其就不必享有撤销权，所以我们就可以理解为法律规定的善意相对人有撤销权。一种最典型的善意是我不知道且不应当知道,我没有义务知道你没有得到法定代理人的同意,或者这个限制行为能力人伪造了法定代理人的同意书让相对人相信。一般情况下能够让对方相信,对方就成为了善意相对人。一个限制行为能力人跑过来说,我爸妈已经同意了,一般来说还不符合善意的要件,善意需要有一些条件,具体适用时也需要具体掌握。我们先界定概念,善意本身为什么需要特别保护,是相对人不知道而且也没有义务知道你应该得到法定代理人同意来跟我谈判,所以相对人期待的是确定的法律地位,事先同意的是确定的法律地位。但相对人突然之间发现法律地位不确定,而且没有可归责之处,其和恶意相对人的区别是,后者有可归责之处。对于这两种人法律区别对待,区别对待方式是法律保护程度不一样,是否享有撤销权。

这和单方行为有什么关系?单方行为有两种:一种是限制行为能力人发出单方意思表示,另一种是受领意思表示。单方意思表示的利益状况、法律地位的确定状况和受领意思表示法律地位确定状况与契约之下法律地位确定状况有什么不同,我们下节课再说。

常鹏翱:朱庆育教授对《民法总则》第 145 条展开了非常清晰的分析,展现了非常深厚的教学功底,下面热烈掌声欢迎孙鹏老师。

孙鹏:各位老师同学上午好,很高兴和大家分享违反强制性规定法律行为的效力,关于违法行为的效力,我国的法律、司法解释经历了层层限定的历程,《民法通则》第 58 条第 1 款第 5 项规定,违反法律的民事行为无效,应该说该条文当中“法律”两个字是广义的,无论在渊源层级上还是规范形式上没有做任何限定,那时候违法行为无效比比皆是。到了《合同法》第 52 条第 5 项,就从渊源的层级与规范性质两个层面进行限缩,能够对合同效力发生影响的仅限于全国人民代表大会及其常委会制定的法律、国务院行政法规中的强制性规定,而最高人民法院《关于适用〈中华人民共和国合同法〉若干问题的解释(一)》(以下简称《合同法解释(一)》)第 4 条又从反面呼应《合同法》第 52 条第 5 项,人民法院不得以地方性法规、行政规章为依据认定合同无效。到最高人民法院《关于适用〈中华人民共和国合同法〉若干问题的解释(二)》(以下简称《合同法解释(二)》)第 14 条,限定更严格了,即便是法律、行政法规当中的强制性规定,要对合同的效力发生影响,还必须是效力性强制性规定。与效力性强制性规定相对应的,是管理性强制性规定。《民法总则》第 153 条第 1 款又作出规定:“违反法律、行政法规的强制性规定的民事法律行为无效,但是该强制性规定不导致该民事法律行为无效的除外。”有人说《合同法解释(二)》第 14 条的效力性规定与管理性规定比较奇特,而《民法总则》第 153 条则更奇特。我自认为这些问题是清楚的,至少是比较清楚的,我们来到这里至少有责任有使命让不清楚的同志能更清楚一点。

为此我们首先必须追问《合同法》第 52 条第 5 项、《民法总则》第 153 条规避的范围是什么,足以纳入这两个条文范畴的法律、行政法规中的强制性规定是什么。我们必须明确,一定不要认为包括“应当、必须、不得”等词汇的法律条文就是《合同法》第 52 条第 5 项以及《民法总则》第 153 条所指称的条文,在我看来必须旗帜鲜明地排除一些规范。第一个排除的是作为权利移转条件的规范,最著名的是《城市房地产管理法》第 38、39 条以及《物权法》第 191 条。比如,《物权法》第 191 条第 2 款规定,抵押期间,没有取得抵押权人同意,抵押人不得转让抵押财产。然而所谓不得转让抵押物,又根据国务院行政法规《不动产登记暂行条例》及其实施细则,是不得办理相应的物权变动登记之条件。根据《城市房地产管理法》第 38、39 条的规定,国家建设用地使用权投资不足 25% 的不得转让。又根据《不动产登记暂行条例实施细则》,这也是土地使用权移转登记的否定条件。既然这些条文仅仅妨碍相应的权利进行移转,根本就无心影响旨在移转权利的法律行为的效力,我们就不应当将它纳入《民法总则》第 153 条的规避范畴。

第二个排除的是私法上的权限规范。此处应当强调的是被讨论得沸沸扬扬的《公司法》第 16 条第 1 款。曾经,司法实务界围绕着这个问题的裁判不一,最高人民法院的判决就有不同版本,而学术界也有洋洋洒洒的研究成果。当我看到形态各异的判决和各种各样的学术评论时,我的内心非常失望,因为在我看来这根本就不应该引发如此多的分歧,是非常简单的问题,公司对外提供担保必须取得董事会或者股东会同意,相当于法律限制了法定代表人的代表权,如果没有有效的决议,就意味着法定代表人无权代表公司实施此等法律行为,而法定代表人肆意妄为非要实施法律行为,这是越权代表,越权代表行为效力如何,《合同法》和《民法总则》早就提供了化解方案。所以在我看来,《公司法》第16条的问题是权限规范,《公司法》第16条应该与《合同法》第50条、《民法总则》第61条联合适用,和《合同法》第52条第5项、《民法总则》第153条没有关系。

第三个排除的是生效控制规范,最典型的是需要行政审批的法律行为。目前尚未办理行政审批或者行政审批正在进行时,该审批的效力如何,这也不是《民法总则》第153条要回答的,它和《合同法》第44条第2款以及《民法总则》第136条第1款联系在一起。如果没有根据相应的法律、行政法规启动审批,或者启动审批之后没有获批,它就是不生效、未生效,而不是《合同法》第52条第5项和《民法总则》第153条所谓的违法无效。在排除这三种之后,第一类是《民法总则》第153条所规避的强制性规定,这些强制性规定中哪些是效力性、管理性,何时影响法律行为效力,何时不对法律行为效力发生影响?我们不妨快速地浏览一下相关裁判的立场,我认真地进行了梳理,查阅了将近300个案例做有效的浓缩展示。

一是无特许资质营业,没有法律所要求的资质和行政许可的单位,却从事相关的营业活动,结果是“死路一条”。如违反《银行业监督管理法》,不是持牌金融机构却进行职业放贷;如不具备建筑企业的资质,或者超越资质揽活;如没有取得危险化学物品经营许可证,却从事危险化学物品的交易;如不具备水陆运输许可证,却签订水陆运输货物合同,凡此等等,至少在最高人民法院裁判中无一例外都是无效的。二是转让许可(资质)无效。经营加油站需要取得两个证,即成品油经营许可证和危险化学物品经营许可证。出租、出让危险化学物品经营许可证也被所有判决认定为无效。出借建筑资质,最高人民法院《关于审理建设工程施工合同纠纷案件适用法律问题的解释》第4条早就告诉我们不可以,转让水陆运输许可证也不例外。三是违反禁止、限制经营的规则,根据《合同法解释(一)》第10条,一般超越经营范围效力不受影响,但特许经营、限制经营、禁止经营除外,即为无效。然而我遗憾地发现,在司法实践中法院并没有完全秉持这样的立场,比如,违反《商业银行法》第43条,商业银行向非自用不动产进行投资,因为投资而签订的合同效力如何认定,2013 年广东省高级人民法院和 2015 年最高人民法院的判决结论不同,就我本人的立场而言,我赞同最高人民法院的判决,不是因为它级别最高,而是因为它思想更纯。

第二类是单方约束,单方约束的例子太多了,我在这里随便举几个:违反《教育法》规定,学生没有遵守所在学校的行为规范,直接出演某电影,签订的表演合同有效;违反 2017 年《公务员法》第 53 条第 14 项的规定,签订的经商合同有效;违反《商业特许经营管理条例》第 7 款第 2 款与被特许人签订的合同有效。

第三类是行为禁止,杀人、贩毒、赌博、洗钱和贩卖器官、毒品、枪支等,是任何文明社会都不能够容忍的,“杀无赦”,此类合同无效不容置疑。违反《土地管理法》耕地保护、土地用途管制的强制性规定,将农用地许可他人从事非农建设的合同无效。违反《道路交通安全法》第 67 条的规定,设计最高时速低于 70 公里的机动车,不得进入高速公路。若该类机动车超过这一速度驶入高速公路,可以随时将其驱赶出来。《城镇国有土地使用权出让和转让暂行条例》(国务院令第 55 号)规定,出让和划拨都有严谨的法律程序,第三人与用地者签订合同,主张从中间斡旋,无论是出让或者划拨,因第三人的斡旋行为使用地者获得土地使用权的,斡旋合同是无效的。

第四类是关联缔约方式,这里面我挑选了两个场景,一个场景是违反《招标投标法》第 3 条,有些合同的签订必须招标,对于必须招标而没有招标,采取签订协议的方式,最高人民法院态度非常坚决,协议无效。与缔约方式有关联的还涉及国有资产保护的问题,《国有资产评估管理办法》第 3 条第 1 项规定,转让国有资产应当经过评估,签订国有资产转让的合同没有经过评估,这个合同有效还是无效?最高人民法院的判决值得琢磨,最高人民法院一个判决斩钉截铁地认为不妨碍效力,另外一个判决也同样斩钉截铁。最高人民法院第二个判决的前身,江苏省高级人民法院一审判决的判词值得我们斟酌,判词是“就本案而言无效不了”,为什么本案中无效不了?因为在本案中,资产由一个国企转到另一个国企,评估管理办法要求评估,担心国有资产被低价转让,防止国有资产流失。言下之意,如果资产不是由国有企业转移到国有企业,而是由国有企业转到私有企业,可能情况不同,所以江苏省高级人民法院的判决值得体会,要具体情况具体分析,个案斟酌判断。

我们通过海量判决总结了违反法律、行政法规中的“纯强制性”规定,为什么用“纯强制性”规定这个表述?回应前面讲到的三项排除,排除了那些不当规范后的规范是我们今天所探讨的强制性规范。2010年我成功申报了最高人民法院重点调研课题:关于违法的民事法律行为效力认定问题。我们去了全国很多法院,发放了好多问卷,收集了好多判决书开展调研,发现当时他们对好多规范的认识完全不一样。我现在收集到的这些案例都是时间比较近的,当时收集的比现在更久远,于是我就很失望,我认为靠调查不靠谱,因为被调查的对象完全不能提供规律性结论。让我比较欣慰的是,这个课题完成之后,我又重新调查,发现还是具有一定规律性的。然而那些所谓的规律性的内容还需要我们对它进行浓缩、升华,这就是我们最后要探讨的话题:思维范式。

我认为,在适用《合同法》第52条第5项、《民法总则》第153条的时候要遵从法律。遵从法律的意思是,如果这个法律、行政法规的表述中自带法律后果,我们按照其引领,作出裁判就可以。当学术论争如火如荼时,优秀民法学者、最高人民法院的领导们也说,判断效力性强制性规范和管理性强制性规定,第一个标准看法律规范如何规定,有没有说“别惹我,惹不起,惹我的话,规定无效”,我认为这有点无聊,但真的很管用。我们一定要清楚自身角色,在立法论上可以检讨,但在裁判论上屈就。很多规范没有自带法律效果,但被学者强制性注入了自己习惯的法律后果,前几天我本来是想搜寻一个纯粹民法领域的法条,首先想到流质条款的禁止规范。很遗憾《担保法》、最高人民法院《关于适用〈中华人民共和国担保法〉若干问题的解释》和《物权法》我都看了,都是规定抵押人、出质人不得与抵押权人在合同中约定,如果债务人到期不能清偿债务,该担保物所有权自动归债权人取得,都只说“不得”,都没有说万一这样约定了合同无效。然而,现在几乎大家都认为无效结果是自发的,也是懵懂地、强行地带上了这个效果。这是第一个原则,法律有规定,就按照规定来。我们正在探讨的话题之所以有些细,就是因为通常情况下是没有规定的,在没有规定的情况下,我们的道路就真的漫长，就真的荆棘满路吗？

第二个原则是比例原则。展开分析之前我必须强烈地表明一个立场，学术界有很多忠实的追随者，就看强制性规定是效力性还是管理性，是影响法律行为效力，或者不影响法律行为的效力，就看是禁止行为本身或者是禁止行为周边的环境要素，而哪些被他们纳入行为周边的环境要素，如关于资质的规定、关于时间地点的规定、关于方式的规定。其实来北大之前，有教授说这个标准不靠谱，也不符合司法实践的现实情况，有些所谓的外部环境要素，如支持市场准入类，实际上基本被认定为无效。另外一些环境要素，如缔结合同的方式、根据《招标投标法》的规定应招标而未招标，被认定无效。所以不能按最高人民法院曾经说的方法，一些曾经提出的观点，无论是在现实面前还是在理想面前都是经不住考验、经不住追问、经不住琢磨的，我们只能使具体让渡于抽象。比例原则强调适合性、必要性、均衡性，我们可以运用这“三性”检视违反强制性规定的行为。其一，适合性。比如，学生没有按照《教育法》的规定，没有向所在的学校报批直接参演某电影，与某电影制作者签订合同有效还是无效？合同如果因为违法被认定为无效，其对实现强制性规定的目的有没有帮助，没有帮助就不具有适合性，有帮助就有适合性。《教育法》根本不禁止学生出演某电影，但学生出演某电影之前要跟学校报批，回家要跟老师请假，法律没有禁止出演、禁止回家的规定。如果认定合同无效就否定了强制性规定本来不予否定的目的，这一方式不具有适合性。

其二，必要性。关于行为禁止我们列举了方方面面，某种意义上也包括欠缺相应资质，尤其是欠缺相应行政许可的情形。如果不否定此类行为效力，那么被违反的强制性规定首要实现的目标绝对无法达成。如贩毒，双方签订了贩毒合同，若不把合同否定掉，没有履行之前不去阻止履行，履行之后不剥夺他因继续履行而享有的状态，那这一规范目的就只能永远停留在梦中；如果不否定该行为的效力，强制性规范目标根本无法实现，那么留给我们的使命就只能是“手起刀落”，让这个法律行为“身首异处”无效。又如，建筑工程人命关天，没有资质的相对方签订的建设工程施工合同无效。有同学可能在想，他虽然没有资质，或者资质等级不合格，但能力很强，让他履行合同,很难说不能做出卓越的建设工程。难道我们能够将建筑安全的赌注押在“难说”之上吗?一切涉及特许经营的情形都是事关公共秩序、公共安全的核心情形。

其三,均衡性。我们要衡量一下公共秩序与私人利益的量化比较,我反对一些说法,认为有些强制性规定没有公共利益。我认为一定有公共利益,只不过公共利益或大或小,或多或少,如果违反的是耕地保护的强制性规定,耕地保护是基本国策,在国家面前个人利益是非常渺小的。如果仅仅是违反一个商业特许的规则,本来就是要确保被特许人不因为一个无特许人而受到伤害,但是你把合同认定为无效,如果被特许人认为这个特许人有灿烂的明天,结果也适得其反。

我就与各位讨论到这里,谢谢大家。

常鹏翱:孙鹏老师如他的 PPT 背景一样,令人心潮澎湃。下面有请两位老师上台。这个环节由于飞老师主持。

于飞:各位老师、同学大家好,感谢北京大学法学院搭建这样的平台,听了两位老师演讲之后感受良多,共同之处是两位老师选择法律行为作为主题,这一领域技术性最强,最能讲出学术性、实践性,以及让人能够感受到里面法律平衡的技巧,最具有可讲性。另外,这两位老师在讲的过程中,都展示了非常强的法教义学的技巧,完全按照现代法展开讲解,这样的法律教学是最负责任的,因为每个学生毕业之后都是按照现行法处理当下面对的法律纠纷,我们不可能责备现行法不科学,等立法者修改以后再去处理纠纷,这是不可能的,因此所有一切问题都在现行法框架之内找答案,寻求解释方法。今天朱庆育老师和孙鹏老师在他们讲课的内容当中展现了我国民法学的进步,因为我们现在都是按照教义学的方式,沿着框架和条文展开讲解,而且有大量案例,这表现了民法学和教学上的进步,而这些进步正是源于研究的转换和进步。

除相同之处外,我在下面学习的过程中还感受到了这两位老师的不同之处。比如,在朱庆育老师的讲解中,大家能够感受到一个很精巧的、在立法以及在司法中都要考虑的利益平衡技巧。朱庆育老师讲到限制行为能力人的行为、保护相对人的撤销权和催告权,讲到两方利益之间的微妙平衡、失衡和再平衡,这是立法者要考虑的,也是司法者在案件中要把握的精巧平衡感,这是最根本的法学思维技巧。孙鹏老师在讲解中大量援引了现在的案例,从最高人民法院到各地不同法院的裁判立场,导引出他讲解的内容,对大家在实践中如何把握这个问题会有很强的指导意义。

令各位同学印象更为深刻的差异可能是授课风格,朱庆育老师是民法教学中的“武当派”,他掌法严密,思维清楚,而我们的孙鹏老师是民法教学中的“少林派”。他们一位打的是“武当绵延掌”,一位打的是“少林的大力金刚掌”。孙鹏老师大开大合,激情澎湃,一上来被他感染,也会被他所倡导的理念润化内心。总之这两位都是我们民法学界非常优秀的老师,既有相同之处也有不同之处,更喜欢哪一位就看你的。

下面是自由讨论。

常鹏翱:我提个建议,在座有一位特别的客人是台湾大学的吴从周教授,我们先请吴从周老师发言。

吴从周:不敢当,我是来学习的,刚好来到北京大学法学院,正好有这个机会,是我赚到了,利用这个机会跟大陆精英的民法老师交流学习,我感到很佩服。佩服之处有二:第一,台湾(以下发言中均指我国台湾地区——编者注)针对师资或者法学教学方法各自发挥,对于今天学到的内容,我真的很佩服。第二,我非常佩服两位老师一开始的展示,这需要很深的功力,如果没有研究的功底,就很难展示其教学内容。更困难的是两位老师讲的是基础课程,在台湾,“民法总则”常常是交给年轻的老师讲授,资深老师不教,因为“民法总则”或者“民法通则”的授课在民法里面是最困难的,就丢给年轻老师上课。前两年也有老师倡议,要把“民法总则”的课程废掉,并放在“物权法”或者“合同法”的总论或者各论或者是“身份法”中讲授,这不太容易。两位老师展示的内容我很佩服,怎么把这个课程讲好,很有意思的点是概念解说,比如,朱庆育老师讲的“纯获利益”,怎么把“纯获利益”说清楚,没有获利也没有负担,做一个展示其实很不容易。另外,孙老师也讲到管理性、效力性强制性规定,到底要怎么去界定它的内涵,判断标准为何也是非常困难的。在概念展示之外还有案例类型问题,如果没有结合类型去讲授,我觉得授课是非常困难的。这里面也展示了两个点,一是纯获利益问题在台湾的实务案例比较少，举的例子是抽象例子、假定的例子；二是强行规定在台湾例子很多，举的例子是实务案例。我国大陆和台湾的“民法总则”的共同点是，在概念解释上需要不同的案例加以辅助，如现有案例和展示性案例。孙老师找了三四百个案例，备课时间非常长，可以看出，备课非常不容易。在教学上我学到很多，台湾大概也是这样的。

我自己有一个小小的要诀，我通常会发一个除案例以外的体系架构，上课时让同学对照体系架构学习，并针对概念以及案例说明给同学做一些补充，教学效果会更好一点。每个老师上课风格不同，备课越丰富，讲出来的东西越精彩。我上课讲“民法总则”，怕同学睡着要设计笑话，哪些地方有案例在那里“埋伏”一下，把同学们带进来，这都是备课上要花的功夫。这是我的小小分享，我这里更多要表达的是对两位老师的佩服。谢谢。

常鹏翱：谢谢吴老师，说了我国台湾地区的宝贵经验。这里我代表在座各位请教两位老师一个问题：“民法总则”的教学上，法律行为是最重要的，从德国法影响来看大概是两种方法，第一种是讲关系、主体、客体、法律行为、时间；第二种是先讲法律行为，从法律行为引出来行为能力等，这是两种不同的讲述方法，我想知道几位老师是怎么看待这种讲述方法的，有没有自己的独门诀窍？

孙鹏：这个问题不仅仅是法律行为中的，而是我们总—分传统的法典下的总和分的关系问题。很多人说讲“民法总则”挺不容易，很多例子在分则中，就先讲合同。但这也不行，因为先讲合同，总则需要的概念一无所知。我认为这个问题没有这么难，是否永远不能克服？要讲分则必须有总则的指引，要讲总则必须有分则的基础，但我还是先讲总则，时光、目光、手势都在总分之间不断地切换。我讲课不喜欢讲概念，一个概念都不会讲，而是用描述的手法解决所有问题，讲总则的时候举一个留置权的例子，学生不知道留置权，就用1分钟说留置权的例子，以学生的智商早就充分了解了。

朱庆育：我从另外一个角度来说，“民法总则”在教学中是怎么样安排，主体、客体、法律关系、基本原则等，我的安排跟孙鹏教授不太一样，基本是第二种方式。前面说了民法概念，民法是什么之后，再进入法律行为。我上课至少花一半时间用在法律行为上，我们通常习惯把行为能力放在主体那里讲,但我是把法律行为联系在一起讲,讲效力的影响,有好处也有坏处。我一般从人出发,知道什么是自然人、什么是法人,掌握这些概念之后,再讲人实施什么行为、取得什么权利、有什么客体,这样思路好像比较顺一点。这些年我自己一直在体会一个体系,因为“民法总则”本身特别难,很抽象,一下子涌过来一些我们之前没有接触过的概念,在这样的前提之下我们不能放弃“民法总则”的教学,因为我们一直是按照总分的教学原则,吴老师也介绍了我国台湾地区有这样的主张,干脆不讲总则,拆掉从分则开始讲,或者从合同出发讲,德国有这样的尝试,我们这边也有,如“民法概论”。如果法学院课程设置明确分总则和其他,则面对这个问题,我自己的思考是切入一个概念的时候尽可能少用没有用过的概念,即我们进入这个体系时,尽量从已有的知识出发理解未知的。但这很做到,因为总分则是相互循环的,只是自己感觉会顺一点。我们讲自然人、法人法律行为的时候,根本不需要界定自然人、法人的知识,自然会有朴素的理解——主体、人,这个朴素的理解足以让我们理解法律行为,尤其是法律行为本身又是以自然人作为联系来建构的。自然人很好理解,每个人有思想有理性等。我自己的体会是先不了解这些规则、理论,先说法律行为不影响理解。如果先谈主体,后谈法律行为,以个人的体会,可能有一些不便,比如把限制行为能力放在主体那里去讲,告诉大家怎么界定,怎么影响法律行为效力的时候,就隔得有点远,不拿限制行为能力的作用、功能去理解它,光谈一些死的框架,背下来也不知道什么意义。再比如法人涉及大量的行为,涉及法人本身就是法律行为的结果,所以法人代表、法人代理都要以那个知识为前提,这是我的一个考虑。当然还有其他的考虑,每个人的选择不一样,一般来说没有最好的,因为每个人的讲述方式也不一样。我刚才体会了一下,我和孙鹏教授的授课方式很不一样,进路也不一样。

于飞教授博士毕业后去北京大学任教,用一年时间从被同学认识到被选为最受欢迎的老师,我们听听他怎么说。

于飞:就这个问题,朱庆育教授和孙鹏教授的回答不一样,朱庆育教授用2/3的时间讲法律行为,这是受朱庆育自己写书的影响,他写“民法总论”是这么写,尽量把知识点融在法律行为里了。对于我本人,像孙鹏教授一样,是比较传统的路子,如果我将来自己写一本"民法总论"而且独创民法总论结构,我想我会有不同的回答。对讲授、民法里面的区块分割以及每一块次序影响最大的是法典本身和法条结构,对整个法学影响最大的还是法律本身,因此将来最大的可能还是按照"民法总论"以及各块的区隔编排自己的教学。

常鹏翱:谢谢于飞老师。刚才三位老师对这个问题有三种不同的答案,孙鹏老师是总—分派,先讲总再讲分,不讲那么多概念,要从常识出发引进概念。朱庆育教授的立场在教科书里体现得一览无余,以法律行为作为主导,把知识尽量贯穿进来,虽然形式上不同但仍然有最大的公约数,就是以尽量少的概念引出最后的概念。于飞老师遵照立法、遵照既成的定律,但于老师还是从常识、从既有的知识概念引导。三种不同的风格和方式都有共同的定性。我们时间已经到了,这一环节到此为止,谢谢。

第三单元 | 民法案例课教学方法展示与研讨

主持人:许德峰(北京大学)、张双根(北京大学)

张双根:这个环节由许德峰和我主持,三位与谈嘉宾分别是来自北京航空航天大学的李昊副教授、中南财经政法大学张家勇教授和上海财经大学朱晓喆教授,就"民法案例课教学方法展示与研讨"开展讨论,三位教授是这方面的实践者、践行者,相信他们的与谈会有很多启发性的内容,掌声欢迎。

张家勇:借用大家吃饭时间跟大家交流一下,因为主题没有确定,就谈谈教育问题,这个题目是我们中南(以下发言中均指中南财经政法大学——编者注)暑期班的题目,我稍稍做了删减。

这几年在各个地方交流的时候,一些老师对以中南暑期班为代表的鉴定式教学提出了自己的看法:所谓鉴定式案例到底能不能成为未来教学的重要内容,甚至成为未来教育改革的一种尝试,基于此我谈谈自己的认识,也给大家介绍一下中南到现在将近3年探索时间的一些经验。

首先得考虑一下我们这时谈中国教育改革为什么特别关注案例教学?各个地方学校已经开始了试点,全国很多高校都开展了这方面有益的尝试。我思考的一个问题是,法学教育到底围绕什么目的?上一次在人大(以下发言中均指中国人民大学——编者注)我提过一个问题,每年从600多所将近700所的法律院校本科毕业直接就参加法律工作的人有多大比例,我估计从事法律工作的人(本科毕业不读研究生)应该有20%—30%,有老师说没那么高,只有8%。这完全超出我的想象。如果20%—30%的法学本科生毕业之后不从事法律工作,那么我们的法学教育能不能担负起来我们的专业教育任务？我简单算了下，本科教育4年时间，实际上用于专业教育的时间绝对不会超过两年，两年时间学那么多门课，还要把这些课学好，像今天上午两位老师上的示范课，像他们那样讲怎么讲得完？“民法总则”安排三节课我都要讲五节课。中南实验班进行鉴定式案例教学，大约10门课是理论课+案例课的配置，这样一种配置产生什么效果？比如“民法总则”是3+2共5节课，“债法总论”3+2，“债法分论”3节课，授课数量提高之后让教师深入讲授理论体系，就相关规则、案例进行阐释。所以如果没有相关授课时间保障，谈教学改革，我始终存疑。实际上从我教学20年时间来看，我上“民法总则”的时候指定的教材是梁老师的教材，之所以指定这本书是因为很薄，学生一个月可以看完，但最后考试的时候还有一半同学没有看完，就等着上课听一听，考试之前背一背。如果要提高法学专业本科生毕业后从事法律职业的比例，一定要在大学期间重视专业教育。区分博雅教育和专业教育，既然设了法学专业，就一定要注意这个问题。

现在如何进行法学专业教育，我们应该关注什么，法学专业教育应当注意什么问题，培养什么样的人？我列了民国时法律教育家孙晓楼的说法，是法律知识、社会常识以及法律道德。关于现在的法学教育的问题，我列了中央政法委2011年的说法，培养模式相对单一，学生实践能力不强，应用型、复合型法律职业人才培养不足，能力强的不会超过20%。葛云松教授是这方面的行家，他在《法律教育理想》里面提了一些问题，这里不多谈。

那么如何考虑教育改革？一是课时保障，二是案例教学。中南进行这块改革的时候，就是在30人卓越人才实验班里开展，还有800名学生都没有办法进行，我一直想把这套办法向普通班推广，但底层设计上遇到障碍，推行不下去。但无论怎么说，如果要想进行专业培养，我现在倡导的方法是第二学习法：理论、规则、案例结合。传统教育里面更多是就理论谈理论或者就规则进行理论阐释，而没有将抽象的规则和抽象的理论结合鲜活的案例进行解释，我们一定要重视案例教学。上次在人大开会的时候，有人就案例教学提出何为案例？所以就案例来讲，案例就是尽量将规则所设计的法律事实具象，可以是假想的案例，也可以是来源于最高人民法院、基层人民法院的案例。我教学的时候有两种案例：一种是纯教学的案例，编的案例，根据发生的真实案例或者在网上看到的真实案例,将其编得适于教学目的,将我想反映的点都反映出来;另一种是直接把法院"本院查明事实"稍稍删减一下,所以我们不多关注什么叫案例,我们选择鉴定式教学。

鉴定式教学中有请求权分析方法,从我们暑期班培养情况来看,有一部分同学认为这就是一个套路,认为请求权分析方法不就是请求权是否成立等套路。但我一直主张德国鉴定式的优势在于以一种富有效力的方式增加对法律规则的体系化思考,所以从这点来讲,应尝试性地结合一个具体事实寻求答案。我们进行法律思考的时候,由于是具象化的纠纷,一定是考虑有效的法律规范是什么,以规则为中心。如果结论动不动就是"我认为""本人认为""名家认为",这有什么意义呢?我们培养学生是以有效规范形成妥当的结论,以有效规范形成结论看起来是形式化的东西,而形成妥当结论里面伴随相当多的教学内容。鉴定式的思维训练能够让学生在学习法律、规则中把一些点衔接起来,并且有效把握。这从教育经济性和效益性上来讲都相对好一点。我对教学的设计有一个基本的考虑,把教学分成初阶、高阶,初阶针对大一、大二的学生,用的是编的案例,用于达到教学目的、掌握基本知识,问题相对单一。对于高年级的同学,如大二下、大三、大四的学生,做案例演练,有模拟法庭、诊所式教学、案例研讨等,所以我们的教学应该是分阶段、分步骤进行,而不是某一套方法。

最后,很多人把案例教学中的案例研究和案例研习区分开,对于葛云松开创的民案研习课程,我称之为案例研究。案例研究和案例研习最大的差异是什么?案例研习更多是学术问题,案例研究目的更多一些,高阶的时候可以从事一些案例研究活动,低阶课程让学生做案例研究会使学生走上歧路,不利于学生的培养。谢谢大家。

张双根:感谢张家勇教授做了很好的演说。张家勇教授在极短时间内把案例研习、案例研讨和案例教育的意义分析得特别透彻。限于时间,接下来有请朱晓喆教授,大家欢迎。

朱晓喆:非常高兴有这个机会跟在座的同学们、老师们交流一下我在上海财经大学开设的民法请求权研习课的经验,由于有些内容之前在中国人民大学已经交流过,就不详细地展开,我今天主要谈一些困惑。

我记得2016年在这个地方,葛云松老师主持北京大学的“黉门对话”专家主题论坛,我作为案例教学的实践者做介绍,3年过去了我还在这里坚持着。从2015年开始,我在上海财经大学每个学年都会开展这个课程,也就是张家勇老师说的进阶课,第一学期有一些简单的教学案例,第二学期找一些复杂案例,包括司法实践中的疑难案例,我自己也撰写了一些案例研习报告,会写一些自己感兴趣的案例,比如切糕王子案,造成很大的亏损,法律上怎么处理,又如虚假房屋买卖案。这体现出一些层次:第一学期案例稍微初阶,第二学期是一些疑难案例。这个课程是对本科生进行推广性训练,一学期会有6—7个案例,一学年下来有12个案例左右,每个案例要求同学们写案例研习报告,一年下来少的会有七八万字,多的会有10多万字的研习报告。

从方法上来讲,这些都是大家常用的,如张家勇老师说的鉴定式。这里面最核心的方法是涵摄法,把一个案件事实归属到法律规范和构成要件之下,不管是民法、刑法都有核心步骤,涵摄法只是其中一个步骤,用鉴定式更加具有概括性。涵摄步骤是其中最核心的步骤,大家要明确这一点。教学当中要求学生按照请求权的顺序,合同、类合同、不当得利的请求权顺序,格式上按照请求权是否发生、可执行来一步一步展开;内容上要求同学们对于案例中体现的重点问题、难点问题分析展开。王泽鉴老师说案例研习课不要搞成举例课,如甲乙丙丁、ABCD,举例子是说明知识点,而案例研习是突出难点,设一点小陷阱,挖一点坑,让同学们最好掉进去,然后我们捞出来,让同学们感觉到原来是这么回事。在展开法律解释的过程中,就老师们熟悉的法律解释方法甚至法律续造方法能不能类推,能不能进行固定性的扩张,或者能不能对法条恣意过宽做目的性限缩开展讨论。立法不好可以对立法进行改进,跳到立法层面上,把方法论融合到教学里面。

从教学效果来说,这种方式会产生几个效果:第一,提高了同学们解答案例的能力。这在实践中是提高了作为律师解决案件的能力,作为法官解决问题的能力。我们拿到一个案例怎么对待它?我们现在教给学生这种研习方法,至少在民法当中有一套程式或者思考问题的步骤方法,比如6个财产法当中的请求法基础,每一个说清楚后能够确保不会遗漏掉请求权,检索下来能够大致化解问题,这样在实践当中解决问题时也会有思考的程序。我们在学校,至少在上海市的法官、律师群体当中,对于请求权基础说法取得了很多共识,法官一开始会问原告你的请求权基础是什么,仲裁庭会问申请人请求权基础是什么。学校里教的那套"打法",在真正的市场中大家在过手或者在碰撞的时候会用同样的方式,否则上来一顿"乱拳",不知道你的招式哪里来的,是野路子。第二,训练科学的论证说理能力。每个构成要件要素成立之后接下来会推出法律效果,能够确保法律人论证说理的合理性。第三,锻炼学生们的文献检索和写作能力。刚才提到要求学生们写作的内容比较多,王泽鉴老师说,"从看着学到写着学",要自己去研究、查资料、检索。

我探索几年之后发现了一些问题,可以供大家吸取教训:第一,案例题目的设计。法学大部分案例教学课都是限定案例事实,事实已经给定,在不需要考虑证据、举证规则的前提之下思考如何用法律规范去解决问题就可以了。学生将来到法律工作岗位当中面临的是大量原初的社会生活事实,怎么在社会生活事实当中提炼出来对他有用的信息,加工成能够在法院上得到论证的案件事实,这个步骤不是一般案例研习课能够解决的,也不是鉴定式案例研习课能够解决的。我印象当中北京大学法学院有一个配套的类似律师或法官的实务课程,鉴定式案例研习课不是"包打天下",这部分要通过其他课程去补充。第二,知识点的分布,有待于加强家事法和商法。

对于鉴定式案例研习课,一开始同学们学起来有点难,但学了这一方法后,民法案例都可以这样解决,同时也往往会忽略掉实际内容,就是具体法教义学的内容,鉴定式案例研习课可以解决。这门课有一个章法,内容可以往里填充。我在案例研习课的讲课中会附带讲文献检索、资料整理、案例检索和梳理工作,这是法律文献检索课解决的,完整教学应配套文献检索课。

这是我的个人经验和困惑。谢谢。

张双根:谢谢,时间紧张,下面有请李昊副教授。

李昊:张家勇教授、金可可教授、于飞教授下半年会在中国政法大学开课,强度很大,对我们来说,课时设定在 140 课时,我们面临的问题是课时非常有限,我授课 32 个课时,面临的第一个问题是案例怎么选。张家勇教授谈的高阶,则是综合性案例民法总论和物权肯定需要讲授,婚姻、继承部分是否纳入课程,平时没有训练是无法实现综合性教学的,就存在32个课时如何分配的问题。无论是总则还是物权,核心都是法律行为,一定是法律行为占主导,不管张家勇教授是否同意这样的区分,但一定是附带着处分区分,物权行为包括变动。我现在一学期讲授6个案例,其中3—4个案例一定涉及法律行为的核心概念,这样的概念可以把总则、物权变动、债法和合同这块串进来,我面临的问题是32个课时怎么分配,婚姻继承法教义学研究非常不足且课时不足。另外,基础课里面用小案例结合分析方法就比较容易,但现在面临的问题是老师讲课程度不一样,有的老师不会讲这个问题。

第二个问题是,案例解题结构的程式。在学说援引上有争议,我和张家勇教授稍微有点分歧的是法律行为撤销,是放在请求权是否消灭还是是否采用里面,如果是有效的法律行为,一旦撤销不发生效力,有点类似于请求权消灭。如果涉及的是案例,当事人向律师提问怎么解决,当事人是否想要请求权、撤销权,它必然是前置条件。还有对抗辩的检索性问题,所有请求权分三个阶层一定对应三种抗辩,但中国问题从法条规范逻辑来说请求权表达不是很明显,所以即使检索三个抗辩的时候对整个法条非常详细,但目前仍存在着障碍。

第三个问题是,解题的体裁:鉴定式。首先是存在法条供给不足及供给冲突,比如以间接占有、侵权法的法益保护、责任形态(相应责任与补充责任)为例,间接占有的法条没有规定,是空缺的,涉及这种案例的时候在哪儿找法条,大家路径不一样,学生分析一定存在大量困惑的问题。鉴定式的分析方法是建立在法律体系清楚上的。其次是学说的援引,学说争议、学说供给不足,有些法条学者还没有讨论到,我们只能自己去想。最后是判决的援引,同样的案件不同法院判决理由完全不一样。还有注释体例,我跟家勇教授注释体例也不完全一样,有的从美国法角度讲语言的表达,用中国语言怎么表达,这都是很大的障碍。

第四个问题是,法庭鉴定技术(或者是关系法)的引入。鉴定式最大的好处是事实给定,学生去学习涉及证据评价问题,所以现在法定鉴定技术或者关系法涉及对证据的认定与评价。

还有西南政法大学提的预防性法学,北大有一个合同性课,律师培养班的一门课就是合同设计,在合同起草上怎么起草相应的条款,这是案例研习带来的另一个方法。

我想真正跟大家关系最密切的,真正要把案例研习推广到全国,面临最大的问题是对学生有没有用,一个学生被我磨砺了两年,毕业以后用到了很开心。案例研习课将来能不能跟法律考试衔接,答案的不统一,导致阅卷的难度大。案例研习对学生有好处,但短期好处看不到。德国解题是阶梯结构,每一部分要件都列得非常详细,这是我们将来要致力于做的。这是我自己的一些想法,更多需要靠在座各位一起来努力,谢谢。

张双根:下面还剩下 10 分钟,大家自由提问。

于飞:三位老师的课时问题介绍一下。

张双根:首先,课时问题是由学校决定的。其次,课的目标是什么,民法领域太多,是否各个领域都要进行案例教学,如果各个领域进行教学如何保障课时,如家事法领域。最后,本次会议宗旨是否要把鉴定式教学推向全国,对此我有点疑问,葛云松教授一块解答。

朱晓喆:案例研习的课基本目的是给学生打好基本功,不教学生办理案件,直接教学生办理案件是实务性课程。

张家勇:首先,我刚才讲了初阶、高阶,初阶是把基本知识打牢固,不要拍拍脑袋决定,就以朴素感情去回答,不要以某某教授说过据理力争。我们同学比较痛苦,我们每学年 8—12 个案例,一个案例 5000—10000 字,相当于加大了强度,这样一来写作水平提高了,更重要的是写的时候能够把李昊副教授所说的现在难点问题、热点问题或者案件论证中常常遇到暴力论证问题强行掐断论证链条,未来法教义学发展可以把这个问题解决掉,当然这是一个漫长的过程。

其次,很多人认为,经过大学 4 年或 7 年学习培养出的律师或法官,毕业之后就可以办案子,其实很多不是大学能够完成的,比如证据认定、如何公关,即使大学有这门课也很难完成,因为这是实践问题,不做谈得再好也没有问题。

最后,助教问题。我给开案例课的老师说过,如果找不到合适的助教,你要么累"死",要么这门课没有效果。本校的研究生只要选择我作为老师,我优先录取,录取以后必须听我的课并参加暑期班,做人才储备,只要他们能够坚持,我相信是一定有效果的。

李昊:第一,从工作量来看,一个简单的案例,如果写得复杂大概 3 万字,6 个案例就 18 万字,3 个学生就是 54 万字,一个人审阅工作量很大,助教是帮助学生提升思维框架,一开始写的内容觉得不行,第二次完全推翻重写,第一次、第二次写的内容完全不一样,所以我们要求学生就写一个结构,不展开,展开就又要重写。中国政法大学开课的规模为 800 人,那么助教量得多大。我的学生,这一年做学生,下一年当我的助教,而且助教没有补助,原来助教一个月 100 元钱,100 元钱要分给 6 个学生,所以我后来说再也不要招那么多学生,我现在只有 20 个学生。

第二,推向全国,我们希望全国了解什么是鉴定式,很多学生不了解鉴定式是什么,我希望大家接触到鉴定式对学生进行训练,鉴定式对大家形成认识,以及了解什么是同案同判、类案类判,在过程中形成一定的共识。而且鉴定式好处是谈一个问题在一个点上,如果谈一个问题是在不同方向上则没有意义,只有这样做好了,才能招到好的硕士生、博士生,所以现在我们只能是学。

张双根:葛云松教授和金可可教授有很丰富的经验,除你们列的内容之外,捎带分享我们的问题。我们这个单元到此结束,允许我对三位老师表达一下个人的尊重,案例教学老师的奉献那么多,值得敬佩。

许德峰:下面要模拟一个场景,所以我们调整了座位,现在开始。给大家做一个介绍,大家听完上午的内容以后,都非常期待下午的演示。上午的内容可能跟大家想听的内容未必直接相关,老师们讲得都非常好,但都是宏观的、整体的、与民法知识点的缘起和未来有关的内容。从今天中午的讨论开始,前面三位老师给大家介绍了案例课的设置,案例课过程中遇到的问题和心得,接下来讲授案例课程是如何进行的,由金可可老师先做演示,其次是北京大学的葛云松老师,先欢迎金老师。

金可可:谢谢北京大学法学院,提供机会来展示我们的案例研习课是怎么做的。我主要是按照葛云松老师的要求,完全真实地还原课堂的形式。

我主要展示的内容如下：第一部分会介绍案例研习课开设的总体情况。我们在案例研习过程中，一般是提前把题目发给学生，学生上交作业进行反馈，助教审阅完毕后，我们上课的第一个环节是由助教引导进行一段讨论，把争议的焦点归纳出来。在他们讨论的时候，我趁机介绍华政（以下发言中均指华东政法大学——编者注）的情况。

首先是案情介绍：

甲、乙系收藏圈好友，乙经营一家古玩店，双方常相互买卖书画古玩，通常先初步商谈，后由甲起草合同，再由乙签署，具体内容以合同约定为准，以资证明并免生纷争。乙藏有名画A，甲垂涎已久，无奈乙始终不愿出售。某日，甲起草两份合同，一份是20万元购买B画，另一份是500万元购买A画，甲自行签署后，携合同书至乙所经营古玩店商洽。其时，乙于古玩店甚为繁忙，无暇接待甲，甲见乙忙碌，认为购买A画洽谈比较耗时，今日不如先签此前初步谈过的B画合同书，遂向乙说明签署以20万元购买B画的买卖合同书之意，由乙考虑片刻后决定是否签署。其时，乙正接待其他顾客，甲恰因内急，遂将B画买卖合同书置于茶几上，嘱乙决定后签署，待其返回后取，乙点头表示知道了。甲顺手亦将A画买卖合同书置于旁边凳子上。不料有顾客所携幼子丁恶作剧，将两份合同书对调。乙因繁忙未及审阅内容即签署茶几上之合同书。甲返回后，问乙是否签署，乙答已签署，甲未查看即取走两份合同书。甲回去翻阅，发现乙签署的是A画买卖合同书，以为乙主动出售A画，甲大喜，一周后持款上门要求乙履行合同。乙拒绝，并要求甲支付购买B画之价款，此时，因B画价格下跌，甲拒绝付款。上述事实均经法院审理查明。

这是案件的全部事实，问题是：(1)甲是否有权请求乙交付A画并移转其所有权？(2)乙是否有权请求甲支付购买B画之价款？请各位助教引导各位同学进行讨论。（可能的变化案型为，设甲返回后，立即审阅茶几上合同书，以为乙自愿出售A画，大喜之下，见乙忙碌，未求证即携两份合同书而去。其余事实及问题，如何处理。）

在大家讨论的过程中，我给诸位介绍一下华政开设案例研习课的基本情况。华政最早是2011年（我2010年从德国回来）春季的民法总论课程中尝试把德国法学院学生的案例研习方法教给学生,民法讨论课课时不足,我只能利用业余时间布置给学生做,他们完成后我再批改。经过第一学期后,第二学期继续学习物权法、债法的时候,学生纷纷向其所任教的老师提出能不能像金老师那样授课,主动提要求。于是 2012 年,我本人开设了民法案例研习一、民法案例研习二两门课。我设计这门课的初衷其实非常简单,我不想把案例研习开展得很难,就想像德国课程设置那样,做简单的教学案例研习。从 2012 年开始到现在 2019 年,经过 8 年的努力,我的理想已经实现了,就是针对我们法律学院的 500 个学生系统开设了民法案例研习课(案例研习一、案例研习二),保证每个学生有受教育的机会,这个机会不仅限于民法,其他课也开设了,但师资力量严重不足,民法在我们的储备之下,民法老师懂德文,有长期备课的经验。

在整个准备过程中,我们碰到的最大困难是投入太多,一门课一个案例的准备要花很多时间,而且年轻老师面临着评职称的压力,我们就跟学校商量有没有其他制度配套,当然我们学院有很多其他制度,比如,助教是学校配备的,学校配备标准是 100 人配 1 个助教,我们是 10 个人配 1 个助教。另外,助教有专门的报酬,报酬额较为合理,我们争取进一步提高,而且商讨有没有可能案例研习课的老师的课时量进行折抵,比如 1 课时折抵 5 课时,又如一学期的课能不能折抵 1 篇 C 刊。

整个课程的组织是这样的:一门案例研习课 32 个学分,隔一周上一次,一次课 4 个课时,一般来说我们会先提前两周把案例发下去,让同学按照规定的方法做作业,但必须提前一周把作业反馈上来,助教批改,批改完再反馈给学生,学生在课堂上组成一个个小组进行讨论,有争议小组内讨论,然后老师进行讲解。华政有的老师会把自己准备好的答案发给学生,有的老师不发。我作为授课老师上课时会走来走去,碰到问题会去讲。

老师提到的助教储备问题,我个人非常幸运,因为助教储备够,10 个人配备 1 个助教,会这个方法的同学非常少,但会了之后就不是问题,案例研习作为纯粹的方法而言没有什么难度,半个小时全记住了,没有任何技术含量,但需要有一个精深的法技术把握,这是一个难点。这个课真正的好处在方法掌握之后体现,这个非常非常重要,否则课程会迅速失去吸引力。

助教:甲放了 B 画买卖合同书,中间小孩调包了,导致乙在 A 画买卖合同书上签了字。甲没有终止要约的意思,现在讨论签字的行为有没有构成对 A 画发出要约。

同学:乙发出要约的话需要有发出的意思表示,获得要约的同意。如何判断乙签署 A 画买卖合同书的行为是否构成有效的要约,就要看内容是什么,首先当事人意思应该是卖出 B 画,甲当时的意思也是想要买 B 画,两者都是想要买 B 画,这时候不会发出买卖 A 画的要约。

助教:判断一个行为是否构成要约,重点考虑构成要件,包括发出、行为意思,更重要的是内容,如果内容通过意思表示解释的说法,先看能不能用自然解释,一种特殊的情形是误载不害真意,以及相对人是如何理解的,如果和相对人理解一致,这时候哪怕客观上表示出来的是另一个意思,我们仍然可以用双方一致的理解确定内容。尽管乙在 A 画买卖合同书上签字,但双方理解认为是签订 B 画买卖合同书,这时候理解乙的行为是出卖 B 画的要约。

要约的分析框架

1. 成立要件:

(1)须已发出,包括:①自为发出,包括通过表示使者发出;②他人代为发出,即由代理人发出。

(2)须内容具体确定:通常须足以确定当事人、标的、数量、价款等典型契约义务。

(3)含有“一经承诺即受拘束”之意思。

(4)为意思表示,符合意思表示之外部、内部其他要素:此处仅检验足以影响意思表示成立或存在之内部要素,按现行通说主要就是行为意思。

2. 生效要件:

(1)到达:例外情况为向不特定人发出的要约,不以到达为生效要件(无相对人之意思表示)。

(2)未受撤回、撤销。

提问:案例是怎么设置的,来源是什么?

金可可:我的安排跟德国课程设置一样,一个知识点配备充分的案例以把知识点掌握清楚,所以我对老师的基本要求是一堂课一个知识点,大家看材料里面的案情,把一个知识点通过案情变化讲出来,学生只需要做一个,剩下的类型对应着,比如第一个争议,为什么是内容错误。其次是相对人的辅助人欺诈问题,辅助人在意思表示中的作用,再次是菜单案,最后是误载无害真意问题,其中是双方一致的理解、一致的意思,每一个案情对应着意思表示的一个知识点。因为民法总则内容特别多,作为总则的配套案例不可能把所有内容都讲完,所以我们现在采取的策略是一个学期就每个重要的部分挑取一个知识点,第二学期的课不重复讲授,比如就讨论表示意思这个知识点,不讨论行为意思和撤销权的消灭问题,通过每一学期争取把案例给扩大,用的是这个方法。

许德峰:我们让同学阶段性发言,总结一下。

金可可:我们先就第一个问题总结一下。

同学:第一个问题的争议点在于这个小孩把两份合同交换一下位置,是否会影响甲发出关于A画的买卖合同要约。甲实际发出的是购买B画的合同要约,小孩把画调包了,乙以为甲发出这样的意思表示,甲自己是没有这个意思的,就要讨论这个小孩的身份,是代替甲发出的意思表示还是作为一个使者传达甲的意思,但都没有。如果甲有可归责性,这个案件归责于甲,让甲承受要求订立A画买卖合同书的后果。但本案没有可归责性,因此这个地方甲没有发出意思表示,不成立要约,就无从谈承诺。

金可可:下面我们请各组代表讲一讲争议焦点。

同学1:第一,B画的买卖合同书是否能说明甲发出了购买A画的要约。第二,甲持款要求乙履行合同,这个请求是否是要约。

同学2:第一个问题的争议焦点在于,乙签字是否发出了新的要约,有没有承认针对A画的要约,是否是有效的承诺。

同学3:关于第一问,我们小组认为争议点是甲把A画买卖合同书放在凳子上的行为,是否构成意思表示的发出。

金可可:跟前面是同一个问题。

同学:第二个问题的争议焦点在于,乙和甲以为自己签署的是B画买卖合同书,但乙实际签署的是A画买卖合同书,现在缺少B画买卖合同书的生效要件,是否会产生影响。

金可可:各位同学,针对同学们争议的焦点,我总结的问题是,甲是否可以请求乙交付A画并移转其所有权？甲若要对乙享有该请求权,需要判断请求权是否发生,请求权成立就有效;请求权是否成立,请求权成立要求要约和承诺一致。第一,检验是否构成要约。一要符合要约的构成要件,即有效要件;二要符合要约的成立要件;三要符合要约的生效要件。成立要件必须发出,包括自己发出(自为发出)、代为发出(代理人发出)和表见发出。同学们注意,一定要在体系下提出问题,在哪个地方哪个点提问,凡是发表意见一定要告诉我你在讲哪个要件,不会在要件下讲法律的学生是没有受过训练的。第二,须内容具体确定,通常须足以确定当事人、标的、数量、典型契约义务。第三,要约一经承诺即受拘束。第四,要约系意思表示,故符合意思表示之外部、内部其他要素,内部要素包括行为意思、表示意思、效果意思(放在请求权是否消灭进行考虑),这里仅考虑行为意思。我们对学生的要求很严格,每个结论或者每个论据必须有法条做依据,法条精确引用,像德国的法律规定一样,细化到每句话里面的分句等。如果没有法条规定,要引用学说,但引用学说要表明出处。比如引用通说观点时,要证明其为通说,这时候我们会说朱庆育怎么说的。要约的生效要求,一是到达,例外情况是,向不特定人所为要约,不以到达为生效要求;二是未撤回。要约的失效事由和要约的撤销不在这里讲。

回到争议要点,将要约要件归纳出来,本案事实是否符合这个要件,生效要件是否具备,这时候要涵摄。第一,要约有没有发出,有没有自为发出,大家都知道自为发出首先看意思表示,发出意味着意思表示的存在,意思表示的存在有终局的意思。发出的第一个要件必须有终局的意思,希望它生效才会发出。第二,通常发出是能够预见到达。第三,基于表意人意思。甲顺手将A画买卖合同书置于凳子上,无发出之终局意思;幼儿戊某非甲之表示使者;甲签署茶几上买卖合同书时,以为其系B画买卖合同书,故就A画买卖合同书之发出,到达未有信赖,故不构成“表见发出”。本案也非代为发出，幼儿戊之行为，不符合显名要件，非代理行为。

因此，甲的行为不构成以500万元购买A画之有效要约。

乙签署A画买卖合同书，并交还于甲，是否构成以500万元购买A画之有效要约？这里面涉及的要约成立包括发出和内容。内容直接决定了是不是A画的要约。乙之内心意思：承诺甲之要约（20万元购买B画）。甲之理解：20万元购买B画之承诺，时间点以到达（取合同书）时为准。如果对甲的理解做这样的认定，这里产生一个误载无害真意的情形，双方当事人对乙签署的行为的认识是一致的，双方都以为是买卖B画，这时候不需要客观解释了，客观解释保护相对人信赖，所以我们这里讲误载无害真意发生，这是双方当事人一致的理解，而不是通过客观含义来表示客观内容。既然是对B画的承诺，内容上不可能构成A画的要约。

还有一个问题，甲一周后持款上门要求乙履行合同，是否构成缔结A画买卖合同书之有效要约？甲所作表示系请求履行之意思通知，并无发生权利、义务变动效力之意思，故非意思表示。有同学说意思表示能不能转换一下？这有争议，可以讨论。总结来说，这个请求权因为没要约，请求权就不会发生，因为合同不成立，到此为止链条就中断了，下面不讨论了。

问题二，请同学们一组一组讨论。

同学1：之前强调具体内容以合同为准，但这里达成了合意。我认为具体内容以合同为准是他们的一种交易习惯，理应得到尊重，但我们对于是否把它作为要约特别的要件是有争议的。

同学2：第二个问题的争议焦点首先是以口头形式表达20万元购买B画，是否为受口头拘束的意思、默示口头约束的意思。其次，要式合同如果条件不满足是否影响合同的成立，应从要式合同目的还是其他因素考量？

同学3：首先，我们的争议点是乙把他的名字签到A画买卖合同书中是否构成对B画买卖合同书的承诺？其次，之前也提到约定要式，约定要式是成立要件，还是要用合同书产生宣誓效应，抑或签订的合同只是产生一个证据。

金可可：问题2是能否请求履行B画买卖合同书，合同是否成立？还是按三步法，请求权是否发生，请求权是否发生看合同是否成立、生效，合同是否成立看要约要件是否具备。

合同履行请求权的分析框架(请求权发生层面)

1. 合同成立

(1)要约(参考前述“要约的分析框架”)

(2)承诺

A. 承诺的成立要件

a. 须已发出,包括:①自为发出,包括通过表示使者发出;②通过他人发出,即通过代理人发出。

b. 为意思表示,须符合意思表示之一般构成要件:外部表示与内在要素(同上要约部分)。

c. 内容须为对要约之同意,例外:某些非实质性变更。

B. 生效要件

a. 到达,例外:意思实现

b. 未受撤回

c. 要约未失效

(a)到达未超出承诺期限,例外:①未迟发而迟到之承诺,要约人未及时通知不接受的;②迟发(包括但不限于超出承诺期限发出),但要约人通知承诺人有效。

(b)要约未受撤销。

(c)拒绝要约的通知或实质性变更的要约到达要约人。

2. 合同生效

合同若无效力瑕疵,通常自成立之时生效;故仅须审查其一般生效要件或特别生效要件中有无导致无效之瑕疵。

(1)行为能力;

(2)是否具备意思表示之全部内外要素,有无意思表示之瑕疵;

(3)合同标的合法且未背俗。

3. 合同未受撤销

(1)撤销人是否享有撤销权;

(2)撤销人是否为撤销之表示;
(3)撤销之表示是否到达、生效。

首先,甲向乙说明签署B画买卖合同书之意,是否构成有效要约?这时候我们要考虑,因为要约的构成要件一是发出,二是表示价值,三是拘束意思,这里有没有一经承诺即受拘束之意思。由于书面要式之约定,本案双方通常的做法是签署合同书。既然双方当事人一直有这样的做法,又来解释它,所以这是一个默示约定。是否需要以具体合同为准?我理解为法律拘束意思须以书面签署方式体现,所以仅有合同书还不算,一定要签署、表达出来。结论是不构成要约。

甲将B画买卖合同书置于茶几供乙签署,是否构成有效要约?一是发出是自为发出,构成终局意思;通常可预期到达乙;系基于甲之意思。二是内容具体确定。三是自理性相对人而言,也含有"一经承诺即受拘束"之意思。

其次,判断生效要件,要约已到达,在乙之支配范围内,也在正常经营时间,甲有理由认为乙已理解表示内容,且该表示未受撤回。甲将买卖合同书放在茶几上是构成要约的,问题在于乙误签A画买卖合同书并交还于甲,是否构成对甲要约之有效承诺?有效承诺需具备以下要件:(1)成立要件须由受要约人或其代理人、表示使者向要约人发出;(2)须符合意思表示一般构成要件;(3)其内容须为对要约之同意。要约生效要求是到达、未撤回。

乙之上述表示,是否具备上述要件。首先得看表示是否发出、是否到达,到达的话,乙把所签其书放在茶几上,甲取回,具备终局之拘束意思,通常可预期到达于甲,且基于乙之意思,故构成自为发出。乙内心真意:虽误签于A画买卖合同书,但系认为就甲所作B画要约而为承诺。对此,相对人甲取桌上合同书时亦有相同的理解,应依双方一致之理解认定表示内容(误载无害真意)。拘束意思具备,意思表示其余内外部要素具备,所以乙之表示具备承诺的构成要件。

接下来看承诺是否生效,承诺到达,表示未受撤回,承诺生效。

下面考虑合同是否具备特别成立要件。按照双方当事人习惯的做法，通常做法是签署合同书，具体以合同为准，构成默示的书面要素。合同书必须要签在同一份纸上，而且两张纸不要订在一起。本案买卖合同书是否符合约定的特别成立要件？甲是在B画买卖合同书上签名，乙在A画买卖合同书上签名，未具备合同书中特殊书面要式要求。

本案买卖合同书不具备约定要式，是否影响合同成立？约定合同书之要式，旨在以资证明并免生纷争，且无其他事实表明其有"警示"等其他目的，故本案买卖合同书虽不具约定要式，但仍成立。所以结论是甲乙之间关于B画的买卖合同书成立。这个买卖合同成立是否生效？通常成立时生效，这时候有没有导致瑕疵的情形？一般生效要件具备，特别生效要件也没有，那么买卖契约有效。其后，有效的合同有没有可能被撤销？张家勇老师讲了一个争议，我基于思维经济的基本原则，不放在这里检验。因为请求权发生后，在判断请求权是否消灭时，已检验事实不会发生思维上的重复，撤销的本质是从来也没有发生过，这是一个思维的经济考虑。

撤销要件：撤销人为撤销表示，撤销到达、生效，撤销人享有撤销权（包括撤销权发生、消灭）。本案没有撤销事由、撤销权、撤销表示，故合同没有被撤销，所以最终得出结论，请求权发生过。请求权发生之后还要考虑请求权是否消灭了？请求权消灭事由有很多，但本案都没有。接下来考虑契约原给付请求权消火之特别事由，本案没有协议解除，也没有单方解除，那么请求权是不是可强制实现。本案中没有任何一时之抗辩权，也没有永久的抗辩权，最后结论得出，甲有权依《合同法》第159条第1句请求乙支付购买B画之价款。

大家最有疑问的是本案能不能构成默示约定，以及默示约定在以下情形中能不能用，一是在拘束意思上用，涉及意思表示是否成立；二是在合同特别成立要件上用。有同学说是否在A画买卖合同书或者在B画买卖合同书上签字，是一个生效要件的问题，这个表达不精确，签字不签字是意思表示的问题。

如果大家没有什么问题，谢谢大家，我整体介绍到此为止。

许德峰：特别感谢金可可老师给大家演示的课程，非常细致、精巧，而且让大家看到了如何组织学生讨论。接下来请北京大学的葛云松老师给大家做一个案例课的演示，葛云松老师在2012年开始开设案例研习课程，到现在有七八年的时间，已经成为法学院的一门固定的课，每年都会在秋季学期开设，大约有220位同学参加(大课)，小课讨论的时候是20位同学组成一个小组，助教带着同学研习案例。

许德峰：热烈欢迎葛云松老师给大家做案例课的教学演示。

葛云松：谢谢许德峰老师，各位老师、各位同学下午好，非常高兴有这样一个机会跟大家交流我们北大民法案例研习这门课程的教学情况。刚才许德峰老师对课程做了简短介绍，稍微更正一下，2012年春天第一次开这门课，从那时候开始许德峰老师就是这门课程的联合创始人，后来大多数课程是我和许德峰老师一起来开的，有些课程我没有开但许德峰老师开了，所以许老师始终是一起做主要工作的人，还有贺剑老师也参与到我们的课程之中，所以我们的内容、方法也越来越丰富多元，这是我们这个课程越来越成熟的契机。

案件案情：

甲公司、乙公司的厂区坐落于市郊，彼此相邻(均享有相应的国有土地建设用地使用权)，甲公司位于乙公司西侧，双方均在2009年获得建设用地使用权。双方入驻后，经协商，在分界处建造了一道简陋的分界墙，长度约为900米。2013年，甲公司拟建设新办公楼。城市规划部门批准的基址的东侧界限，是两公司交界处(围墙处)以西50米。此时，乙公司因经营不善，暂时处于停产状态，厂区仅留有保安值守。甲公司开工之前拆毁了围墙，在向东100米处(乙公司厂区范围内)建造了一道看起来几乎一样的围墙。乙公司保安人员A、B接受了甲公司贿赂，装作没有看见。甲公司于2013年10月开工建设、2014年12月建成了一栋6层办公楼，耗资3000万元，其基址的占地面积为2000平方米，其中侵占了乙公司1000平方米的土地(东西向侵占40米、南北向侵占25米)。其后，甲公司又耗资4000万元完成了装修，2016年5月正式投入使用。乙公司的管理层直到2019年2月1日才知道相关情况，立即要求甲公司全部拆除。甲公司不同意拆除，仅表示：如果乙公司同意其永久占用该1000平方米土地，则同意一次性补偿乙公司40万元。乙公司拒绝。于是，乙公司向法院起诉，要求甲公司拆除所侵占的乙公司土地上的建筑、恢复土地原状。

请运用请求权基础方法分析：乙公司的主张是否成立？

相关事实：

1. 乙公司2009年所取得的是40年的工业用地国有建设用地使用权，当时向政府支付的土地出让金为平均每平方米100元；

2. 2009年以来，邻近区域工业用地的国有土地建设用地使用权出让和转让价格基本稳定；

3. 乙公司的厂区面积共有200亩(13万余平方米)，目前已实际利用的面积约为3万平方米，其余土地处于闲置状态；

4. 甲公司的厂区面积为50亩(3万余平方米)，甲公司经营状况良好，土地利用充分，工厂处于满负荷运营状态；

5. 甲公司新办公楼所采取的工艺，导致其不适宜进行“平移”。

说明：(1)基准时：请分析2019年9月1日当事人之间的请求权关系；(2)被请求人如果在实体上享有抗辩权，一律假定其主张了该抗辩权。

我现在问同学们一个问题，有的同学除了回答乙公司是否有权请求甲公司拆除建筑和恢复土地原状，还提出要求赔偿损失，除损失按照什么计算外，是否还分析了其他内容？

同学1：我没有分析，原因是提出的请求是拆除房屋和恢复原状，我理解为恢复土地原状，除了恢复原状之外，还有财产之类的，如赔偿损失。

同学2：我认为要把本案件问题彻底地解决掉，有一个最终的解决方法，是对其他请求权进行分析，依法请求恢复原状和损害赔偿，这样更全面。

同学1：乙公司向法院起诉只要求甲公司拆除所侵占的乙公司土地上的建筑、恢复土地原状。

葛云松：很好。我再提问，有同学分析了《物权法》第35条，结论是说乙公司有权请甲公司拆除，进而有这样的表述，“不排除法院不支持乙公司的请求，转而以此请求权代替……要求损害赔偿”，进而进行分析，这位同学你当时怎么考虑这一点的？

同学：首先我觉得还是要从《物权法》入手，物权比侵权在顺序上更优先。之所以后来提到所有权人的关系以及侵权法上的请求权,是因为虽然我前面论证的是乙的诉求,是考虑到如果不支持……

葛云松:是为了更全面。

同学:我想强调的是,首先要检验《物权法》第34、35条。

葛云松:尹广闻同学你同意吗?

尹广闻:《物权法》第34条和第242、245条应该是一起使用的,并不是分割开的。

葛云松:她的重点是认为有权请求拆除,但现实生活中不见得支持这样的观点。乙公司的请求如果不能获得支持,可能可以主张其他权利,比如要求赔偿损失,所以用了《侵权责任法》和《物权法》第242、245条。

尹广闻:我做这个题目时思考比较单纯,单纯从起诉的请求权来看,如果可以就支持,不可以的话就驳回。

葛云松:尹广闻同学的见解是正确的,其他同学想多了。我们此处模拟你就是一个法官,有人拿着状纸来了,写着原告乙、被告甲,然后法官说,乙公司跟甲公司有损害赔偿,乙公司也没有提这个事,假设另外一个诉讼请求法院不支持,只能要钱,但乙公司没有提,为什么不提?我要一次性彻底解决案件之中的所有实体法问题,因此判决甲公司赔偿乙公司一定的金钱,法院可以这样判吗?当然不可以,这是民事诉讼法问题,原告诉了什么,法官回答原告诉讼请求是不是成立,所有与此无关的事项一律不得写进去,偶尔做一点法律问题的阐述也可以,但一定不是主要的,特别是结论上,就算全案证据显示出了,也不可以把它写进去。

第二个问题,大家都知道请求权基础的检索方式,如果大家读王泽鉴老师的书,会知道应从契约开始,一样一样往下捋。有同学没有一样一样往下捋,请求权经查与案件事实不成立,再看无因管理不成立,然后一步一步逼近真相,有同学没有这样做,为什么没有写这些?

同学3:我是按照这个思维方式在思考,但没有写在我的答案里面,我没有把无关的请求权(如契约)、显然不成立的请求权写上去。

葛云松:显然不成立,那么这位同学为什么写上?

同学4:我写上是因为逻辑完整性,在请求权基础检索的时候一步一步地走,这样不会遗漏点。

葛云松:如果按你的想法,是不是应该探讨一下乙公司对甲公司有某种婚姻法上的请求权?婚姻上有好多请求权基础,比如双方离婚,一方有过错,另一方提起损害赔偿,本案之中有什么关联,要不要检索一下是不是适用,为什么没有谈这条。

同学4:我就是按照请求权基础检索的方法往下检索,其中没有谈。

葛云松:大家注意,请求权基础检索是要将民法上所有的请求权基础(相当于刑法上的罪名)进行检索,有多少个不重要,合同上还可能约定法律上没有规定的请求权基础,所以民法上的请求权基础有千千万万。刑法上的请求权基础如何检索?你在街上没什么事,寻衅杀了人,刑法有400多个罪名,怎么捋?贪污罪,显然不构成;侵犯知识产权罪好像也没有什么关系,刑法上为什么说此时可能构成故意杀人罪?是因为检察院提起公诉的时候要确定罪名,要从刑法上捋,快速地将显然无关的罪名去掉,剩下是有关系的。所以法律是“汪洋大海”,快速地基于你的专业知识在这之中找出一条与个案可能有关系的,如何找出这一条?判断标准是从要件上、大类上分析。显然无关的就不要往上写,写了就要问为什么婚姻法没写,婚姻法的请求权基础至少有几十个,公司法更多一点,为什么没写,显然不相关的程度其实是一致的。所以要看哪些是显然不成立的,不要往上写,往上写表明你还真的想了一下,而真正专业的想都不要想,那就对了,因为想都不要想就不会落地。这看起来似乎是写作格式问题,但提示的是生活方式与法律世界之间的关联是如何发生的,法律世界是庞大的世界,只有很小的部分会与特定个案有关系,快速地抓取出庞大的法律世界中与之有关系的部分,其他就忽略。当然如果你的专业度不够有可能会忽略,而且专业度再好也需要基于个案学习、检索,但大的框架不能错。

第三个问题,大多数同学把目光集中到《物权法》第34条,有个别同学用了第35条,这位同学为什么考虑到第34条,继而分析了第34条。

同学4:乙公司的诉求是要恢复土地的原状,这和《物权法》第34条中的返还原物对应,土地可以解释为原物,所以选取了第34条。我还选了第35条排除妨害请求权,这时候排除妨害的客体就是建设用地使用权,所以两个都选取了。

葛云松:韩同学你好像不太同意,你说说你是什么意见?

同学5:首先,我讨论了《物权法》第34、35条,我之所以讨论是我检索了相关案例,发现有部分类似的案例,不管是第34条还是第35条都有适用,所以我从案例出发做了这样的讨论。其次,凭着一种直觉,这两条构成要件比较类似,容易涵摄进去,所以考虑到了第34、35条。

葛云松:好的,那你们两位同学说一下,法律上有没有一个法律规范,在构成要件满足的时候,有权请求对方拆除房屋,《物权法》第34、35条有没有规定这样的表达,或者把房屋摧毁又或是弄倒,法律上有没有用过这样的词?(同学:没有)你们结论上又能够适用第34、35条,那为什么有这样的结论,我们先不看这个结论最终能不能成立。或者换一个角度来说,《物权法》第37条规定了损害赔偿,第37条与侵权法之间的关系可以再讨论,至少跟第33条很近,是上下条文,第37条之下损害赔偿的规定或者侵权法之中损害赔偿的规定与本案相关吗,为什么?

同学5:关于损害赔偿方面的规定,我们这里主张的是要求拆除建筑,并且恢复土地原状。法条上没有明确规定,但从本案的恢复土地原状来看,原状是没有建设的荒地。如果恢复到荒地状态意味着建筑物要移除,根据案情来说是要平移。至于损害赔偿,由于主张里面没有提到损害赔偿问题,最终也没有进行讨论。

葛云松:损害赔偿的法律效果与原告的诉讼请求,你认为是什么关系?能否被包含进去?

同学5:我觉得不能被包含进去。

葛云松:民事诉讼的类型有3种,其中核心是给付之诉,给付之诉的定义是原告起诉,内容是要求法院判令被告为一定行为。是否有其他的给付之诉的诉讼请求另说。这里回答三个阶段的问题:第一,原告要求被告做的事情是否发生;如果发生了就解决了,但如果发生了而又消灭了,很抱歉原告败诉。第二,若存在合同且得到赔偿,原告无权再提出诉讼请求。第三,被告的抗辩权。如果被请求人或者被告享有一项拒绝履行某项债务的权利,原告败诉,至少获得一个符合条件的判决。法院审理案件时,以及学校为了大家将来从事司法实践来进行练习准备的时候，都知道我们是按照这样的流程处理法律上的实体关系的。

请求权基础方法的考察包括三个步骤：请求权发生是第一步，也是最重要的。发生请求权要有两个条件：(1)一定存在一个法律规范，满足其内容时能够产生一个法律效果，并且这个法律效果的内容是一方对另一方发生请求权。如果某种债务因为清偿而消灭，是不是一种规范。当然是，原本是有效的债权债务，后果是债务消灭了，但消灭不是发生的依据，只在第二阶层有用，第一阶层没有用，第一阶层中作为请求权基础的规范，特点是效果内容为请求权的发生，进而我们要分析个案事实能不能导致个案之中特定原告的请求权发生。(2)审查第二阶段、第三阶段，每个阶段、每个层次都需要有相应的法律依据，这个依据通常是制定法的条文，但法律条文可能存在法律漏洞，基于漏洞填补目的而产生出的学说也可以参考，没有学说就自己做论证，创造一个规范出来，但都要找到一定的规范。实体上法律关系变动的每一个步骤都需要有规范依据，规范可以是实体法，可以是习惯法，也可以是学说上的通说，实在没有自创学说也可以。

第二步，法律如何适用。法律规范的逻辑结构是"构成要件＋法律效果"，要素能够将个案之中各个事实上的小点按图索骥，把它和一个法律规范构成要件一个一个进行核对，满足就打一个勾，不满足就打一个叉。我们在学校做练习的时候怎么给学生出题？本案的案例练习题是法官习题，乙公司起诉甲公司，问是否成立。法院拿到这样的诉状可以受理，只要把甲、乙公司的名称等信息补齐就可以受理了。我们做题的时候，身份和法官一样，案件有事实，有诉求请求，还有相应的理由，在里面都有所体现。

第三步，律师习题，是请分析本案中的法律关系，你要将个案事实中存在的法律关系一一分析出来，比如损害赔偿。律师习题要将自己处于原告律师的地位，如果我是原告律师，可能被甲公司起诉，把所有可能的请求都提出来，会提起几个诉讼请求，不可能只提这一个。我们现在只出一个，如果你是原告律师会提出好几个。等你把步骤弄明白，下一步就会变成法官习题，有三四个诉讼请求，回答每一个诉讼请求是否成立，按照步骤分别回答。原则上是不可以一起回答，好像刑法一样，一个人的三个罪名分别判，可能某一个特定事实既能够支撑A罪名之下的构成要件也可能支撑B罪名,但每一个罪的构成要件要分别判断。民法上也是如此,要割裂地判断,每一个请求权的规范构成一个小的“王国”,这个“王国”跟其他请求权规范之间是分开的,至于可能在要件上、事实上有关联是下一个问题。

律师习题需要我们转化,辨别出其中的问题,这很难。有一个例子,甲拥有一批名贵的紫檀木木料,共1000公斤,时值100万元。2012年3月,甲与乙(当地著名的木匠)订立的合同约定:由乙利用这批木料设计、制作3套明式圈椅,报酬10万元;剩余木料须全部返还。乙按照甲的要求,圆满完成了设计、制作工作,于2012年9月1日将3套成品交付甲,并声称所剩木料共100公斤,亦当场交付。实际上,乙私扣了一块木料(A木料,此时价值为1.2万元)未还。乙将其加工为一件精美的工艺品(A工艺品),按照市价2万元出售给收藏家丙。此外,乙还私扣了另一块木料(B木料,价值1万元),并且将其加工为另一件工艺品(B工艺品,价值1.5万元),置于自己家中作为装饰。我们试分析本案中的法律关系。

设问方式一:法官习题。

请问:甲是否有权请求丙返还A工艺品?如果A起诉丙,所有事实被列明,你甚至参加了诉讼,作为第三人或者证人,这时候你怎么办?你唯一的任务是回答原告的问题,别的实体法律关系不能回答。这是分寸。

设问方式二:律师习题。

(1)甲对丙的请求权:返还A工艺品;(2)甲对乙的请求权:返还出售A工艺品的价金2万元;(3)甲对乙的请求权:侵害A木料或者A工艺品之所有权的损害赔偿;(4)乙对甲的请求权:返还因A木料之加工而获得的利益;(5)甲对乙的请求权:返还B工艺品;(6)甲对乙的请求权:关于B工艺品的损害赔偿;(7)乙对甲的请求权(关于B工艺品)。你得做一个透彻的思考,这是不是请求权基础检索?不是,还没有到那一层面,实际上是针对一个特定的诉讼请求,在实体上我把它叫作请求目标,有哪些法律规范、哪些请求权基础规范有可能成为它的法律依据,构成要件能够被这个个案事实所满足,以至于产生特定的请求权,所以你先把这个弄清楚之后才有可能进行法律适用。原告诉讼请求都没有说清楚,所以一定要先将诉讼请求归纳出来。

那如何检索请求权基础？刚才提到，一个诉讼请求确定之后，先从大类上把不满足要件的排除掉。比如，甲、乙的房屋相邻，甲有半年未在家居住，回家后发现家中的院落中积满污水，原来，乙在此期间随意倾倒生活废水而流到甲的家中。甲起诉，要求乙应将院落中的污水清理干净。唯一的诉讼请求是清理院落中的污水，这是他的要求。这是法官习题，给定诉讼请求，如何找到请求权基础。公司法、婚姻法不相关，因为构成要件不相关，那些构成要件之下肯定包括基础关系，如公司股东或者公司与高管之间的关系。此处要做的是将个案之中当事人的具体诉讼请求，要求清理污水与某些法律规范的法律效果进行核对，如果恰好表述都一致，那非常好。假如有个法律，“中华人民共和国邻避关系法”规定，任何人不得趁他人不在家往他家里倒水，如果这样做就负有清理这些污水的义务。如果有这条就特别吻合，但实际上没有，那么是不是原告诉求请求不成立？也不是，我们往上找，看有没有抽象的规范能包括原告的具体诉求。比如，《物权法》第 34 条跟清理污水有没有关系，清理污水能不能归到返还原物下，恐怕不能。那是不是一种妨害因而请求排除？初步来看妨害有可能成立，但是多少有疑问，关于妨害，德国法上好几种理论，不同理论之间观点不一样。那本案是否构成《侵权责任法》项下的某个侵权责任呢？如恢复原状，原先没有污水的院落现在有了污水，把污水清理掉变成干净的院落，侵权责任的法律效果是包含的。按照这样的思路思考问题，找到法条，看是否值得做进一步的分析，在构成要件上做大类限缩，进而在法律效果上仔细辨析，只要有合理怀疑就放在里面，不合适就排除。本案不构成妨害，因为水都倒完了，没有迹象表明我将持续不断地天天往甲家倒水，水已经在甲院落里是已经发生的事情，所以这不是妨害，妨害要求是仍然在持续。若主张水还在这儿，还在持续，但这不是持续，因为水已经倒完了，这时候要依据《物权法》第 35 条应该不行。

如果发现有两个以上的法律规范，它们的法律效果都与原告的诉讼请求是吻合的，怎么办？就要在这些规范里一个一个做排除，一个一个往后走。实践中大多数诉讼请求以金钱为标的，以金钱为标的的请求权基础很多。

我问一位同学,在甲公司侵占乙公司土地盖建筑一案中,乙公司到底是要求甲公司做什么?能不能把诉讼请求描述得更具体一点?或者想象一下原告胜诉了,判决书中的责任是怎么写的,进而进入执行程序,我们想象一下法院执行时会干什么?

同学6:要求甲公司拆除涉案的建筑。

葛云松:不干,强制执行。

同学6:就直接强制执行拆除他的建筑。

葛云松:怎么拆除?

同学6:拆一半。

葛云松:我没说拆一半,是问你怎么拆?

同学6:先让甲公司把自己的房屋拆除,如果甲公司不拆除,法院会强制执行。

葛云松:怎么强制执行?

同学6:法院叫一个施工队拆除。

葛云松:怎么拆除?

同学:整个拆掉。

葛云松:一定是把楼弄倒,弄成碎块,用大卡车拉到填埋场。这个地方需要做的工作,先拆,把原本非常好的建筑打成碎片,然后把碎片运走。之后可能会出现地下室,把土填完,这些都要决定。甲公司保安在填平土地附近看着,围墙还在那儿,现在乙公司想进入这个楼的旧址,被甲公司的人赶跑了。这时候我们要问,乙公司主张甲公司拒不履行法院裁定,法院可以判甲公司承担刑事责任或者拘留吗?

同学6:不可以,因为都已经恢复原状了。

葛云松:甲公司守着这个坑,乙公司想去坑附近,这时候应通过执行判决的方式还是另行起诉?

同学6:另行起诉。

葛云松:原告有没有主张这1000平方米的土地占有返还的问题。

同学6:返还原物请求权是发现所有物被侵夺时提出的。

葛云松:原告的诉讼请求有没有要求他返还原物的占有?

同学6:如果按照当时的占有侵夺定义来说,其实还是让那两个人走开。

葛云松:不走开可以去法院申请执行吗?

同学6:不可以,因为恢复原状了,这两个人还是无权占有。

葛云松:我无权占有可以到法院申请强制执行吗?譬如今天我把你手机抢跑了,这事不对,你是否可以跑到法院执行庭去,说葛云松老师上课把我手机抢跑了,法警会执行吗?

同学6:要先有判决。

葛云松:乙公司要求甲公司占据这些土堆的保安离开,是可以持这份生效判决就可以让法警来驱逐保安,还是必须要另行起诉?

同学6:必须要另行起诉,因为诉讼请求就只有恢复原状。

葛云松:《物权法》第34条之下的法律效果是什么?因为你提到第34、35条都满足,第35条本案是满足的。第34条为什么也满足?第34条下的返还原物是什么意思?

同学6:就是把占有的返还给权利人。

葛云松:原告要求什么?

同学6:要求土地恢复原状。

葛云松:是否包含把占有返还的意思?

同学6:可以解释为包含占有,因为建筑是占有了乙公司有使用权的土地,所以拆除。

葛云松:这个地方大家一定要思考,本案与《物权法》第34条是有关还是无关,不见得最后构成要件都满足,但能不能纳入你分析的范围,要看原告诉讼请求与这个规范的法律效果,能不能纳入其法律效果之下。比如,原告要求被告所做的事情是拆除房屋,拆除房屋能不能属于妨害排除的具体表现形式,好像是可以的。我们希望他做的事情,哪部分是拆除,哪部分是恢复原状?拆掉弄走是拆除,填坑是恢复原状,此前是什么样的土地状态,土到什么高度,恢复到原来的样子,这是两件事情。在《物权法》第35条下分析似乎只能分析到拆除而已。《物权法》第34条要求的法律效果是返还原物。根据有的著名学者观点,返还原物是我的东西被你抢占了,而且跟以前不一样了,你要把原物返还给我,还要恢复成原来的样子给我。比如干净的衣服被你抢走了、被你弄脏了,这个衣服是直接还给你还是必须洗干净再还?这个地方有不同的观点,所以《物权法》第 34 条几乎没有太大争议,但有少量不同意见,第 34 条只处理占有的返还,因为构成要件是占有和侵夺,把衣服抢走了再把衣服还给我,是第 34 条的规定。衣服脏了,你有权利请求清洗,但这不是第 34 条规定的义务。这些细节我们暂且不谈,只是大家要形成一个非常细致的观念,就是拿到这个案件之后,大多数同学没有仔仔细细地阅读问题,而且要求拆屋、恢复原状的部分是需要仔细分析的。拆屋还地,原告要求还地了吗?没有明确说,能解释出来吗?解释不出来,只是拆屋而已,没有要求还地。这个地在甲公司占有之下,你的东西在这个地上,显然甲占有乙的土地,并且这个占有使乙不能够自己利用它,所以这个地方既构成占有又构成妨碍,只要有你的东西在那个地方,就构成妨碍。但凡分析请求返还这块土地的同学都答多了,如果你认为可以解释出来,你可以好好说一说怎么解释出来的,不能想当然地认为问了什么就回答什么,起诉了什么就判决什么,不要形成想当然的观点。

有同学没有谈《物权法》第 35 条,而直接谈《物权法》第 245 条,你当时是怎么考虑的?

同学 7:是因为看到《物权法》第 245 条规定,占有的不动产或者动产被侵占的,占有人有权请求返还原物,跟这个相符。

葛云松:你是否知道有《物权法》第 35 条的存在。

同学 7:我注意到了。

葛云松:为什么对《物权法》第 35 条保持沉默?

同学 7:因为甲厂区属于闲置状态,如果认定为"妨害"状态有一点严格。

葛云松:《物权法》第 245 条难道不是基于排除妨害,难道是基于占有人?

同学 7:对。

葛云松:对啊,都是请求排除,为什么觉得《物权法》第 35 条不行,第

245 条就可以？这个地方我们要了解请求权基础检索的意义所在，如果你注意到了一个法条，这个好，就用它了，可不可以？法院针对原告这么说的当然可以，没问题。但我们现在谈的是以原告律师视角，将可能满足的请求权基础都找出来，从近到远，按照案例顺序来检索。对于本案，《物权法》第35、245 条都可以满足，不能说挑一条使用，技术检索要求不能随意地挑一条就可以。有的同学还直接用了《侵权责任法》，这是没有注意到《物权法》第 35 条或者第 34 条，这种明显的遗漏说明没有用尽方法将所有可能的情形找出来。这个有没有价值？很有价值，有同学用了《物权法》第 245 条，后面又提到这个地方会不会受制于时效。《民法总则》第 196 条规定，不动产物权的权利人请求返还财产不适用诉讼时效，《物权法》第 245 条保护的是占有人。因此，如果是以物权人身份主张占有保护，存在竞合。但问题是，排除诉讼时效制度适用的规定针对的是不动产物权人。所以你选择了一条路，会遇到这条路上的“妖魔鬼怪”，选择另外一条路自然有它的“妖魔鬼怪”，这两条路遇到的事是不一样的。

《物权法》第 35 条的适用，排除妨害请求权，该如何解释？中国大多数教科书对它很重视，这有几个要件，可能是法律解释问题，如果有通说最好，没有通说麻烦，但麻烦也得做事。假想你是一个法官，案子五花八门你也得判，就算没法条总得有学说，我们暂列了 4 个要件：(1)请求权人是物权人。(2)对物权的妨害已经发生并且处于持续状态。(3)被请求人是妨害人(包括行为妨害人和状态妨害人)。比如我的土地上有一堆垃圾，风景变丑了，也不便使用了，谁可以把垃圾清走？全世界每个人都可以，那是否可以起诉全世界的人？当然不行，是必须与垃圾有联系的人，才成立妨害人的身份，比如有人把垃圾放在这儿。(4)物权人无容忍的义务，换句话说，妨害本身是否具有合法性。比如做菜有油烟，邻居非常不爽，这是事实，这时候你对他人的物权是否构成《物权法》上的妨害？这要看客观上发生的不利是否具有违法性，换句话说是否具有容忍义务。

简要总结：物权排除妨害请求权的分析框架（发生层面，规范基础为《民法典》第236条）

(1)请求权人是物权人；

(2)对物权的妨害已经发生并且处于持续状态；

(3)请求权针对的是妨害人，包括行为妨害人和状态妨害人；

(4)物权人无容忍的义务。

同学们看案件的时候大多注意到以下事实：第一，甲公司侵占乙公司1000平方米土地，这个土地在乙公司厂区占比很小，甚至是闲置状态，根本不用它，而且什么时候用也遥遥无期；第二，土地使用权也不值钱；第三，甲公司盖的楼非常值钱。对于这一点，任何老百姓看之后都会觉得这个事实有点扎眼，这种扎眼对最后的结论是否产生影响，这个问题会引起正当的思考，最后会往某一个方向发展。乙公司如果有容忍义务，则属于请求权发生环节，如果甲的抗辩理由成立就属于请求权发生环节，也就是说，由于这个情形的存在，乙根本没有取得要求甲拆除房屋的权利。这是第一个阶层。第二个阶层认为，刚才的事实不影响乙已经取得的权利，但占有这个事实使得乙的权利消灭了。第三个阶层认为，上述事实不消灭，但甲公司获得了抗辩权，由此拒绝履行义务，从而让法院判决让乙公司败诉。是否这三个阶层都可以适用。我们一开始处理这一问题的时候暂时不知道，不知道的时候没有关系，法律问题的深入要慢慢地进行，要知道规范是什么，最后才能有一个有把握的结论。

同学分析的时候有一些问题没有办法展开说，有同学这样表述：乙公司负有容忍义务，因此乙公司的请求权消灭了。在法律逻辑上，你承担了一项义务，因此你的权利消灭了，这两者怎么关联在一起的？一旦负有义务，请求权就消灭了，是否存在这样的法律现象？很难想象，这点在逻辑上就是不对的。所以当你用“容忍义务”这个词表述甲的法律地位时，唯一的可能性就是回到刚才这一点，回到妨害的合法性上，从而使行为不发生。但不是每个同学都用“容忍义务”描述这个现象，也是可以的，比如，《合同法》第110条“但书”第2项规定，如果债务的标的不适于强制履行或者履行费用过高。这可以类推到本案中,乙要求甲履行债务,“但书”条款本身发生什么法律效果,是抗辩权吗,抗辩权是一时的还是永久的?有两个可能的解释:其中一个解释是抗辩权。甲公司提出主张,“法官,我的履行费用实在是太高了,这个拆除要耗费很多钱,7000 万元房子打了水漂,还有拆除费用、垃圾处理费用,我消灭我的义务,我赔钱或者我抗辩”。这个地方没有用容忍义务也可以进行说明,就算不清楚也要大体知道如何纳入这三个阶层的某一个部分。

甲公司到底应否容忍,我看大多数同学都注意到了,而且所有同学都注意到双方由此产生的经济上的巨大反差。但接下来的内容不是每个同学都分析到,有同学只分析到一部分情形,我问一下:侵占他人土地,侵占一方主观状态是重要的还是不重要的,这是不是一个需要考量的因素?我们注意到好几位同学都提到,甲公司一方使用计策去侵占了土地,这个因素是重要的还是不重要的?

同学 8:我觉得这个因素不重要,因为在这个案情中最后造成的占有事实比较关键,占有的主观因素应该是用来分析他是否构成侵权,但是在侵权之后没有给乙公司造成实际损害,所以我没有将甲公司的主观要素考虑其中。

葛云松:你要求甲赔偿损失还是拆屋?常规情况下,被告必须具备某种主观要件才承担不利后果,比如损害赔偿要求被告存在故意或者过失,现在问题是完全相反的方向,不存在一个规则是“侵占方没有过失,被侵占方就要容忍”。我们现在进一步说,如果他有过失我是不是还要接着容忍?你如果有过失,是否要承担某种责任?没有故意就不承担责任?还是说,你如果有故意,我的权利就会强一点?这个问题我们不多探讨了。我们有两位同学,一位同学只是分析了经济状况的清晰对比,但有的同学说不行,甲是故意去侵占别人房屋。故意侵占别人房屋为什么就要赋予这么重要的意义呢?

同学 10:我觉得要重视双方的主观状态,要考虑越界一方是不是存在故意或者重大过失,以及被越界一方有没有提出异议,不能说只要侵占不动产能获得更大效益就纵容,否则所有权就会被架空。而且本案事实中有一个细节提到,有一个围墙作为标志,越界一方显然知道越界所在,而且故意拆除原围墙。

葛云松:所以甲公司足够坏。

同学10:我觉得这个事实细节在明显暗示。

葛云松:没有暗示,是明示。但是其他同学说,甲是坏,但房屋花了7000万元,这个房屋有用,如果拆除就是浪费,而且还得另行购买材料建一遍。

同学10:这要回到最基础的对所有权的严苛保护,经济上对所有权保护是比较宽松的状态。

同学11:我是不支持拆屋的,我写的理由有点牵强。我不支持拆屋理由是违反诚实信用原则,严重违反比例原则。

葛云松:不符合诚实信用原则意味故意侵占也被允许吗?我给你40万元你就应该接受,别逼着我把7000万元的东西毁掉吗?

同学11:故意的话,可以人为地导致既定事实,随意侵犯人的土地,这对社会影响极其恶劣。

同学:我觉得这个同学的担心没有太必要,传统民法有添附一说,承认添附存在也未见到对民法体系造成多大冲击。我们调整一个对象的时候,除了私法领域也有公法领域,私法领域可以承认这种现象的存在,同学所担心的问题可以交给公法去解决。

葛云松:很好,这可以很好地辩论下去,你说他不诚信,他说你不诚信,最后变成双方借用道德概念而吵架,这样就没有意义了。我们要把利益相关的因素都罗列出来进行清晰比较,明确其中对于社会可能产生的影响,这是有价值的。本案中甲公司可不可以强行进去?即使有围墙,推土机也可以直接进去;即使有保安抵抗,也没关系,我的保安比你多,把你打走,然后就挖坑。当我这样说的时候,是不是一定意味着这么坏的人也受到保护?此外,是不是一定意味着要支持乙的诉讼请求?不一定,要给甲相当大的威慑,如果只需要赔10万元,这个威慑可能还不够,如果必须要给2000万元,就有示范效用,你可以不拆但要付2000万元的费用。这时候给甲选择,甲可以不拆掉房屋但要付2000万元,或者拆掉房屋。在甲公司故意的情况下，容忍义务也不必然产生示范效应，说抢占没有关系，让他在别的地方付出金钱代价足够大就足以阻止他。比如这位同学眼镜不错，我砸了。民法上眼镜多少钱就赔多少钱，我说没关系直接多出2000元钱且不需要找零，我一个一个摔大家的眼镜，一人给2000元，这太可恶了，民法上没有办法，这时刑法起作用了。所以威慑不来自民法，而是来自刑法，来自公法。此处是开放问题，有很多内容可以讨论。我们谈故意这一点，带来的示范效应可能极大，但对甲而言并不意味着拆屋。如果法院判决拆屋，大家预测一下，这个判决最终到法院执行的可能性有多大？拿到判决之后会发生什么事情？甲很快会上门说，"抱歉，这样是不对的，这样吧，我们商量商量，我给你一笔钱，我们达成新的和解可以吗"。乙公司说，"好吧，商量商量，钱就不是40万元，而是4000万元"。甲公司7000万元以内都能够接受，甚至7500万元都能接受，因为拆还要花钱，处理垃圾要花钱，重新建还有周期，现在就把它买下来还是合算的，所以这样的谈判成功比率非常大，这些都是决定规范的事实因素。这包括《合同法》第110条第2项的准入问题，就是债权实现上的规则，如果债务履行费用很高，就不能要求对方做这些事情。《物权法》第34、35条是物权保护。

例如，甲欠乙100元钱，甲没有给乙，乙就处于不利状态。乙手里有100元钱被丙抢走撕掉，对乙来说经济损失是等值的。一个是损失了100元，另一个是该得100元没得到。但这两者在刑法上不一样，丙抢钱的时候乙是否可以正当防卫，正当防卫是否要限于100元，乙反击的医疗伤害不能超过100元。甲不给钱，乙能抢钱吗？债权保护是弱的，物权保护是强的，这恰恰涉及《合同法》第110条"但书"第2项在本案中能不能类推，该项规定不考虑债务人的主观状态，债权实现原本在法律上获得的保障是低的，而在法律上物权保障是高的，这个高程度的保护是让对方承受更大代价来实现我的权利，正当防卫就是典型。关于可能的规则是什么，我们有巨大的考虑空间，时间有限，但希望能启发大家进行思考。这个问题的最后结论我们暂且不论，但要强调一点，你的结论要落到三阶层的某一个阶层中去，最大可能是要放在容忍义务上，因为后两者不大可能，什么是消灭，至少要先发生。我们现在的分析是直接不发生。

我讲的内容还是稍微多了一点，希望将来还有更多机会交流，谢谢大家。

许德峰：特别感谢葛云松老师，其实无论是金老师还是葛老师的展示，都让大家看到了案例授课的三个部分，第一部分是要设计案例，第二部分是要结合案例设计合适的答案，第三部分是阅读学生们的回答，组织讨论，三块是密切相连的，有的是能够被看到的过程，有的是没法被看到的过程，两位老师设计答案的安排，有多个内容，包括请求权的基础、解释。从两个案例展示也可以看到刚才张家勇老师讲到的情形，共分为三部分：民法授课要有理论，有规则，有案例的配合。这在案例授课中都会有体现，本质上是案例，实际上是展示对规则的具体理解，但其背后也包含了具体理论，有非常多的案例，包括教学案例也有结论不确定的情况。

许德峰：下午案例课程展示我们很荣幸请到葛老师、金老师以及台湾大学法律学系的吴从周老师，吴老师曾去德国留学再回到中国台湾地区教书，去过好几个顶尖的法学院，现在是台湾大学法学院的教授。吴老师在教学上特别有心得，可以一起参与到今天的主题中。自由讨论现在开始。

金可可：我没有具体总结，还在与学校谈争取给上案例研习课的老师更好的条件。针对课时严重不足问题，我们的课程安排非常紧凑，每次知识点有很多变化，这些变化都要重点讲解，一讲解时间就不够了，这是我的补充说明。

葛云松：刚才因为时间紧，我还没有说完。第一，案例研习在本科课程配置之中，最佳配置是在基础课教育之中有案例研习和配套课，或者有相应的环节推动案例研习展开相应的讨论。高年级有综合性练习，北大单开案例研习课相当于是高阶课程，跟德国课程难度相当，但比德国课程开设困难，因为基础课时不够，同学们基础并不是特别好。第二，中国法比世界上任何法律都复杂，因此我们找法、法律解释的工作非常不容易，优秀的学者和法官有很好的基础，法律规范基本含义解释、通说有很好的指引，法律问题是少的，能够清晰地凸显出来。第三，如果我们案例研习做得好，在世界上可以有一席之地。但现在总体还没有那么成熟，原因是跟英美法系一比，英美法系教学并不进行我们这种案例研习，基本法基础课程、苏格拉底法等都是随着知识点推移进行相应的讨论，问题很深入且点非常清楚，不存在任何技术性的框架问题，技术结构非常简单，这样训练出来的学生思维深入，但其将法律知识运用于个案领域相当不足。大陆法系的德国有非常成熟的体系，一个个案事实放在那，可能是简单问题，也可能有困难，但困难点很少，真正难的点要花很多精力才能做好。若在世界上最严苛的法律解释与适用条件之下竟然能够幸存下来，那你的法律解释能力在世界上绝对是一流的，不夸张地说，是世界一流的法律解释能力。这是课程开设的困难，换个角度来说，对于同学们也是巨大的锻炼，希望课程能够越做越好，让同学们能够获得更多的成长，谢谢。

吴从周：我印象比较深刻，我应该是听案例解析的人中我们在座这几排年纪中最大的。王泽鉴老师写的书是基础分析方式，写得很好，大家用心读就可以了。我当老师之后有解释基础课，后来把基础解释放到整个体系里面、放到每个章节去讲的时候，以架构、理念去分析要素，因为法院的案例很多，我就会把案例的事实放到要素里面去对应每个概念，相对而言，案例研习的思考台湾（以下发言中均指我国台湾地区——编者注）做得很多。德国的课堂上要素分析得很严谨，我也很佩服刚才的两位老师，我自己写不一定写得这么严谨。

可可老师谈的案例，台湾规定得比较多，大陆规定得也比较多，按照意思表示的内容、效果意思、行为意思等逻辑思考上的顺序，这个案例听起来我心有戚戚焉。可可老师展示得更严密，学理上展示的顺序跟内容需要花一些时间去整理。在台湾教科书中王泽鉴老师有写一些，但没有写得那么详细。

我最佩服的是葛云松老师的例子，台湾条文对此规定得很详细。如果房子有2/3的部分盖在自己的土地上，只有1/3越界出去，这时候如果不认定为故意、重大过失，从条文上讲是可以的，如果属于故意、重大过失可以将它拆除。如果房屋价值很高，如学校，公共利益比较高，若房屋超出邻地50米，拆50米则几乎把整栋楼拆掉了，所以会采用购买的方式。如果土地所有人故意越界建建筑，那么就要拆除。这个之前有争议，需要有很强的解释能力，故意越界建建筑的，直接拆掉，在法律上解释没有问题。我国大陆的法律解释就非常重要,有很多种讲法。这是我回应一下两位老师在案例部分的引导,我自己收益很多,所以需要花一些时间。

北大法学院有这样的课程我很惊讶,比较起来我算是教学不认真的,通常也没有用案例部分去展示课程。个案本身比较重要,我们这些年花时间整理实务案例,把实务案例直接改过来。刚才两位老师提到助教针对实际案例部分的工作,但我们一百人只有一个助教。台湾大学开设民法总则 48 个课时,契约部分 48 个课时,分则、物权都是 48 个课时,婚姻家庭和继承也是 48 个课时,民法加起来将近 300 个课时,分量很大,但民法老师不多,所以民法老师工作量很大,加上经费不够、助教不太够,这是相辅相成的。以我们 48 个小时的课时安排,老师都不太敢做案例研习,因为怕时间不够。两位老师在案例研习课上非常不容易,因为要花很多时间准备。我们目前为止的情况是这样的,与各位分享,谢谢。

许德峰:下面大家有没有问题?

殷秋实:非常感谢各位老师今天下午非常精彩的展示,在智识上带来了极大的愉悦,但是我想法学教育师资研修班主要目的是做方法的展示,参加这个研修班的老师有一个基础共识是,不去论证为什么开案例课,而是怎么开案例课,案例怎么编写,学生之前是不同老师教的,硕士来自不同学校基础水平不一样,案例编写、授课有区别,包括助教,我注意到葛云松老师和金可可老师对于助教的使用方式不同,葛云松老师授课的时候没有用助教,葛云松老师的提问环节是由助教完成的,把争议展示出来。我听完两位老师的展示,有可能是我的错觉,金老师的授课风格更像是适用法律的过程,在构成要件或者大前提上给出了非常明确的指示,不知道金老师在配套的大课上怎么讲的,是否直接出现大前提的理念,学生主要涵摄这个过程,判断这个事实能不能符合相应的内容。葛云松老师的案例研习更偏重于解释,怎么寻找合适的大前提。我在中央财经大学工作,我们学院只有一门案例研习课,两位老师展示的案例研习课定位不相同,我特别感兴趣的问题是两位老师怎么看对方的案例研习,特别是两位老师去解析对方案例的时候,我认为采用的方法、技术思维会不太一样,不知道能不能顺便解释一下如果一个学期只能选一门案例研习课,选哪一种方式更好一些?谢谢。

金可可:谢谢,确实设置目标不一样,我的案例课授课对象都是上民法总则一年级的学生,是简单的案情,对于初阶的同学来说,我尽可能除了通过民法总则讲座之外,以这种方式给他提供固定的框架,框架是否合理、知识是否有效,德国的新法和旧法规定不一样,可能其他国家法律规定也不一样,但我必须要按照现行法给予一个框架,我们国家从来没有说知识是无效的。关于请求权消灭,不能请求不代表消灭。你讲得很对,我之所以把一切前提都梳理好,目的是针对本科一年级的同学。对于高阶代表,葛老师说的是非常疑难的问题,也需要固定框架,但会退后,先直接进入疑难讨论,这是我们以后在高阶课程中要借鉴的。

葛云松:金老师说的我也都遇到过,我们是属于入行多年的,后来发现一开始的情况确实不对,这个任务太艰巨了,但又不能不做,开展案例研习,就得找法。殷老师提出的问题确实涉及初阶、高阶的分工,但并不是初阶更容易,只是训练目的不同。我们并没有开初阶课,如果我们自己开民法基础课,能够融入一部分倒是有可能,希望这能够对基础知识掌握有帮助。高阶练习要补初阶的内容,前面部分我们会做相对更具有技术性,状况比较清楚的,这些主要是训练流程,像金老师展示的那样,然后慢慢过渡到法律解释任务相对繁重甚至更加开放。开单独的课程要看学校设计及授课年级,如果是与基础课并行的年级就是初阶,相反是高阶。

此外,初阶仍然有极多的技术细节,对方法有一定接触。牺牲教学目标试图达到技术上的精纯程度,在各个目标之间要做一个平衡。但这点没有正确答案,老师风格不一样,学生不一样,注意到目标的冲突,有意识地去做,这样大体上会尽可能达到好的安排。

许德峰:谢谢两位老师。

提问:各位老师好,我是华东师范大学的老师李建星,非常荣幸来北大参加会议,对葛云松老师最后一部分的内容有点学术上的观点,中国法上关于物权使用权是否适用或者类推适用《合同法》第 110 条的规定,通说上似乎比较认可,在德国法上还有一个发展过程,在改革之前曾经有判决引用过《德国民法典》,但是被中国法院驳回了。在德国商法改革之后的立法文书里面,履行不能的权利或者《德国民法典》第 275 条抗辩用得比较广,德国联邦最高法院在2008年案例里,也认可如果基于物权可以准用《德国民法典》第275条抗辩权。

我自己是金老师课堂的助教,也知道葛云松老师很多助教的情况,对于没有开过案例课的人,怎么去更好地做助教是一个重要的历程,因为具体跟同学沟通的助教很重要,葛云松老师、金老师在选拔助教方面有什么心得或者有什么要求,选拔完之后要求助教做什么,跟助教怎么沟通,这个技术跟在座各位老师做一个分享对各位开展工作有更好的指引作用,谢谢。

许德峰:非常好的问题,也是非常具有实操性的问题。

金可可:我一般给本科生上课的时候,就要求我的硕士生、博士生担任我授课班的助教,我们华政学生多,有些学生害羞不会问或者都来问,助教吃不消,10个学生一个组、20个学生一个组问助教,助教解决不了来问我。我把自己认为比较好的同学选进来担任助教,其他学生一起来、一起听。

助教在案例研习课程中做什么?我的助教有几个功能,主要的案例研习参考答案是老师准备的,助教基本不参与,老师准备好之后,他的任务是收齐每组同学的作业,按照我提供的参考答案批改,把争议焦点汇总出来交给我。如果觉得我的参考答案有问题要提出意见,我们事先进行沟通讨论修改。助教在课堂上负责引导、提问等,主要是这些功能。

许德峰:补问一句,助教怎么跟你沟通?怎么知道这个答案,以及知道答案要点?

金可可:答案给他们。有些案例同学们相互一讨论就知道了,实在不知道了就来问我。我的博士生经常吵得不可开交,这是好事。

葛云松:谢谢建星的提问,首先,《合同法》第110条"但书"第2项是一个需要严肃被对待的问题,排除也需要有理由,适用它还需要别的理由支撑,不是举重以明轻的问题。技术体系非常完备的国家对法律规定来说是好事还是坏事,任何事情都有两面,美国律师强悍在很大程度上是因为法律不够好,体系不够精密,实践当中处处都是"雷",律师"排雷"需要有非常强悍的能力,生存环境越残酷,生存能力就越强。

案例研习跟技术不太一样,案例研习是通过现行法解决问题,在现行法的适用过程中不一定能够获得对法律本身的最佳认识,特定法律之下或者本国现行法之下规范的内容是两回事。虽然对于规则的认识是正确的,但很有可能对它的认识是肤浅的。在这个意义上,案例研习课是相对更困难的问题,基于对它的解释过程有更深入的理解。机遇与困难并存,看从什么角度去认识、驾驭它。

其次是助教。北大有大小助教的制度,院里给我们批准的助教经费标准是20个学生配1个助教,正式助教是硕士生、博士生,民商法等专业已保研的大三学生参与助教的助手工作,每一组有两位助教,一位是带薪助教,另一位是半薪助教。这些学生入学之后慢慢变成大助教了,而且这些学生原来都是上过民法案例研习课的,大四的时候担任小助教,读研的时候成为大助教,从外校考来的学生非常优秀,但他们需要有一个适应过程,只要学生能力强,适应不困难。核心部分是用刚才这种方式一代一代循环,人数不足有其他补充,大体是这样的,谢谢。

许德峰:助教和老师的沟通是如何进行的?

葛云松:助教工作很繁重,题目基本上是老师出,助教也帮着出过。出了题目之后,我们会与助教一起讨论,怎么解这个题。第一,标配助教会从早9点开到12点,但经常开到下午1点就没饭吃了,会议被迫结束后有些助教被安排做一份答案,我们拿到相应的答案初稿有很多问题,这当然跟老师就有很多交流。第二,看作业,每份作业有10余万字,每周二要有10余万字的阅读量,比如我当助教,我准备的时间是20个小时,你们写的时间差不多,做准备的量还是很大的。我们助教就是这样一周做循环的,但这只是准备讨论而已,还有写答案,所以助教确实非常辛苦。第三,我们在助教会上互相交流,这一组同学答题有什么特点,怎么解的,如何回应他,包括如何组织讨论的过程,互相交流想法,采纳别的想法。

许德峰:还有没有别的问题?

提问:我是北大国际法学院的茅少伟。我有两个问题,第一,讲到助教的使用和案例研习课程开展的问题。不知道大家有没有感觉到葛云松老师组织讨论的时候是精准地点人回答问题,这种方式是一个助教带的组比较小的情况下,我们之前在北京大学法学院读书的时候,我是第一届大助教,就是这样做的。这样操作可能就需要大助教包括葛云松老师本人,在一次讨论课开始之前先要对学生做一次通盘阅读，然后非常准确地抓住点。我以前当大助教备课的时候，请求权成立、消灭、实施，每个要点后面会写两到三个人的名字，有的学生是答对了，有的同学是答错了，老师尽量往后退，比如先让答错的同学讲一下，然后提问答对的同学。之后我去其他学院，没有这么好的助教条件，案例研习课是我一个人上，没有助教，没有助教的案例研习课开展困难很多，阅读作业的时候没有那么高效。我想表达的是整个基础功能大家都是信任的，经过这么多年老师的发展，基础架构也是非常清晰的，开课条件差有差的开法、好有好的开法，但这不是不足以开这个课的理由，至少在我国现在情况下来看是一针强心剂，是非常好的形式。

第二，一开始做这个课的时候我们有很大的体会，中国法教义学对于这样课的形式开展有很大障碍。但如果积极一点看，这个有好的地方，即对于老师尤其是青年教师来讲，我们编案例、写案例报告、做整个准备的过程，对夯实法律基础是特别好的训练。换句话说，在这个过程中我们能发现很多问题。特别是在这样的学术体制之下，博士论文写完了，但法律功底不见得很好，案例研习让我们被迫遇到无数需要研究的问题，这对年轻老师是非常好的成长，而不是纯粹为了教学付出，对于整个科研成长来讲是非常重要的再教育阶段。案例研习对学生训练是多方面的，不仅是法律适用能力，还有复杂的法律检索、法律解释，以及进行价值判断、论证的能力，这样的能力某种程度上对我们将来处理更复杂的问题、更新的问题是必要的。民法像数学，对于我们学习高阶学科是必不可少的，起到基础性作用，但矛盾在于色彩比较单纯，我们有太多新问题有待解决，不仅是在中国法上有待解决，在全球也有待解决，等于我们跟全球同台竞技，这就需要非常强的能力。在某种程度上，中国法治发展跟经济发展一样，有不同光谱，但发达部分跟国际发展情况没有多少差别，大家都处于拓荒阶段。移植过来的案例研习课在中国有非常好的功能，所以有非常好的前景。

我的问题是，该课程有没有冲击既有的课程秩序？如果较大规模开展，怎么处理这类课程跟既有课程的关系。我们说服同事说案例研习是重要的，老师们会提出什么样的说服观点呢？谢谢。

许德峰：这是个现实问题。

金可可:这个问题我从来没想过,我们直接面临的问题倒不是说服老师这种课非常好,在我们那里已经没有争议,这课肯定是好的。

茅少伟:如何说服其他专业的老师。

金可可:在学院层面我们是制度性推广的,相当于民法教研形成很好影响之后,其他专业不跟上心里不踏实,但跟上确实有很多困难。前一阵我还跟学校有关部门谈这个问题,想全校推案例研习,所有专业都开展案例研习,比如行政法、刑法、经济法、商业法等。华政倒不是要去说服人家,华政接受案例研习是很有价值的,但有些专业老师案例研习的方式跟我们有点不一样,我们是做价值观上的疏导,有标准方法,这个是需要普及的。

葛云松:少伟提到的沟通说服工作,在改变某一个版图格局的时候,需要一个学院内老师之间的协调,需要新的共识。在此之前开一门选修课,选择什么时候改变格局?比如在北大将案例研习课程作为法硕(非法学)的必修课,就必须从几门课程中选一门,目前开设的是民法、刑法、民事诉讼法、刑事诉讼法,就属于准必修课的地位。这个地位需要学院的决策机构作出决定,决策机构当然是来自不同学科,这个决定如何能做出来,当然是需要别人有所了解,能够认同这样的价值。这是相对比较长期的课程,如果目前没有亲自体验过它,只是看介绍,不大容易能够想象它到底是什么。在生活中这样的情况比比皆是,书本上看到的东西在脑子里形成的具象跟现实中有天差地别,但读总比不读强。目前为止,案例研习的公众印象(不是社会公众,而是法学教师群体)基本是正面形象。基于这个"好",你要做什么?要不要像北大这样来做?是不是普遍地开设为本科必修课,一门宪法、一门刑法案例研习要不要做,改变格局涉及的是增量还是存量,增量是往上加,但其实这个空间很小,必修课范围有限。存量是你要加课别人要减课,这个不容易。而且在中国靠常规沟通,让某些学科接受减量,近期是微乎其微的。因此,各种改革在某种程度上靠领导层在缺乏足够群众基础的情况之下推进,说服领导比说服同事更重要。打铁还需自身硬,自己没有那么成熟,反而搞得那么高,对学生、对自己都不是很好。总的来说,相对比较稳妥地推进,有多少能力做多少更好一点。

金可可:我没有很针对性地回答少伟的格局问题,我们采取的是选修课，实践证明我们是成功的，学生都愿意学"民法案例研习（一）"，我们讲好课就行。

吴从周：我回答少伟老师的问题，我们在课程进行上没有做基础的思考，案例研习是裁判研习，选修课同学针对判决本身的事实去研习。不过我一直觉得这是一体两面的，王泽鉴老师上课的时候，常常讲请求权基础如果针对案例事实是裁判研习，换句话说，这就在评那个判决。我们现在假设案例到底是胜诉还是败诉，能不能给请求权其实是一个顺序，读王泽鉴老师的文章可以看出，其实是以请求权的方式写一个判决。另外我们在四年级课程安排上，都有程序实体重于研习，判决研习里面会有程序法和实体法老师一起开程序、实体研习课程，因为判决里面既有程序问题也有实体问题，同时从不同角度针对判决本身发生的问题进行处理。目前台湾地区的情况是这样。

许德峰：特别感谢三位老师的精彩分享，从今天午餐沙龙三位老师的报告到葛云松老师、金可可老师的分享，大家从中午一直坐到现在，非常辛苦。今天下午的日程就到这儿。谢谢三位老师，也谢谢大家。

第四单元 大班互动式民法教学方法展示与研讨

主持人:钱明星(北京大学)、袁治杰(北京师范大学)

钱明星:各位老师、各位同学好,现在开始第四单元:大班互动式民法教学方法展示与研讨。上过课的老师都知道大班课是最难上的课,而民法课在各个学校基本都是大班课,因为大班课要控制课堂,让同学们能够有兴致地把这个课听完,这对老师和同学来讲都是一件很难的事情。今天请到北京大学的茅少伟老师和暨南大学的方斯远老师给大家做讲课展示,这两位老师都是青年才俊,无论是在民法学术研究还是在讲课效果、方法上都有自己的创新,取得了非常好的效果,我也非常期待听到他们二位老师的展示。首先请茅少伟老师,大家欢迎。

茅少伟:谢谢钱老师,很高兴有这个机会跟大家交流一下还不是特别成熟的想法和实践。这个部分叫大班互动课,从课程内容来讲是民法的基础课,也就是我们一般讲的民法总论、债权、物权,这部分选自我上的“中国民法(一)”,内容相当于民法课堂上的民法总论部分,民法总论有 60 个课时,我的安排接近朱庆育老师的安排,60 个课时里有 42 个课时讲法律行为,42 个课时里有 9 个小时讲意思表示瑕疵。今天选了意思表示瑕疵里面欺诈,但时间关系肯定讲不完,我提供了两个案例。平时的上课方式大体上是课前给大家布置相关内容——法条、案例、讲义、参考的教科书,之后来到课堂上,课堂上以案例讨论引导大家往前走。所以从方法上来讲这堂课是互动课,初次见面希望同学们踊跃发言。

这是意思表示瑕疵第一讲:欺诈。第一个案例是欺诈和错误之间的关系,同学们是否可以总结一下。

同学:这个案子原告控诉了 FENDI 上海商业有限公司,买了 FENDI 公司的两件大衣,FENDI 公司告诉他原产于意大利的……

茅少伟:要注意,你现在好像在讲事实,案情里面出现了什么部分?原告诉称的部分,那是事实吗?法院审理查明的事实里有没有明确讲这个情节。我不打断你,你继续讲。

同学:双方对于产品的产地产生了一些争议,开始购买的时候实际产地和标签上的产地不一样,原告认为影响到购买意思的决定。但 FENDI 公司认为,由于原告在购买中使用现金等行为,并不符合一般消费者的常理,并且他们在宣传过程中没有明显欺诈故意,对此原告诉称不承认。

茅少伟:这都是原被告双方的诉辩过程,这个案件涉及《消费者权益保护法》,不是本节课的重点就直接跳过去,集中到欺诈部分。这个案件很简单,FENDI 是意大利的品牌,产地跟品牌的来源地是有可能不一样的,但不管怎么样 FENDI 是意大利的品牌,因为这是进口产品,中文标签上也写的是意大利,但水洗标真实产地是保加利亚,所以买方就觉得上当了。大致故事是这样,买方认为 FENDI 欺诈了他,所以提起诉讼,因为涉及《消费者权益保护法》的内容,当然有惩罚性赔偿。这是第一个问题,大概了解一下案情。

第二个问题,法院的裁判结果是什么,是不是认为不构成欺诈?转化成法律语言来讲是法院认为欺诈的构成要件不成立。一、二审裁判的说理内容大致差不多,从判决书表述上来看,有很多可以批评的地方,比如,法律适用上有问题,通篇没有《合同法》的条文。整个说理过程认定欺诈的要件是什么?从裁判里面可以看出来,哪位同学说一说?

同学 1:欺诈的要件是故意陈述虚假情况或隐瞒真实情况。欺诈是一方当事人故意告知对方虚假情况,或故意隐瞒真实情况,而使他人陷入错误,作出不真实的意思表示。

茅少伟:法律定义是一句陈述,这句陈述里面包含了法院对于欺诈的理解。但是接下来要把它拆成几个要件进行涵摄,你觉得法院认定欺诈包含几个要件?

同学1:故意告知对方虚假情况。

茅少伟:客观方面,有一个外部的欺诈行为,告知了虚假信息。

同学1:故意隐瞒真实情况。

茅少伟:我们看判决的原文,不要过度总结。第二个是什么,一审用得很好,有"首先""其次"。第一个我们总结成欺诈的行为,第二个是什么?

同学1:第二个是使他人陷入错误、不真实的表示。

茅少伟:看判决书,第一个是客观上实施欺诈行为。再看一审判决中的"其次"。中国的判决书是很短的,好不容易有一些说理,不要跳得太快。下面还有什么要件?

同学1:原告根据FENDI公司的错误行为做出的行为。

茅少伟:原告并非因为这个而作出意思表示,他是想表达什么意思,是因果关系。因果关系有几层次?我们看法院提供的欺诈定义,"欺诈是一方当事人故意告知对方虚假情况或故意隐瞒真实情况,而使他人陷入错误"。这是因果关系,还有"作出不真实的意思表示"。很显然,法院总结了四个要件,这四个要件里面法院都觉得不符合,进行了加强说理。

第三个问题,欺诈被法院否认以后,又引入了关于错误的分析。比如一审裁判说,"FENDI公司之行为实为可撤销的错误行为。本此,本院难以将FENDI公司的错误行为认定为民事欺诈"。本案不构成欺诈但也有可能构成错误,这两项是竞合的。为什么构成错误?

同学2:因为错误是表意人自己的错误,所以是FENDI公司的错误行为。

茅少伟:这里面有一个很有意思的现象,如果认为错误是FENDI公司的错误,那整个诉讼结构是不是要改变?FENDI公司的错误由谁诉请撤销合同?

同学2:FENDI公司。

茅少伟:如果你认为不是FENDI公司的错误,原告有错误,是否构成错误?

同学2:构成。

茅少伟:我们发现法院分析完欺诈,之后转入错误认定的时候,立马陷入了错误。在分析错误的时候,法院已经不再遵循之间一直努力遵循的要件涵摄模式。如果认为错误出现在 FENDI 公司,整个诉讼结构出现了变化,FENDI 公司并没有提起诉讼。如果错误存在于原告,错误要件里面还有一个要件是因果关系,是因为这样的错误认识而作出意思表示,但这个要件刚刚被法院否认了。

这个案子我们简单做一个铺垫,是期待大家从案例阅读里面能够抓到重要的信息,这个案件如果仔细分析比其他案件更复杂。这个案件是欺诈的第一种情形,涉及是否故意告知对方虚假情况。

我们参考案例里面有最高人民法院的指导案例,涉及《消费者权益保护法》的欺诈问题可能具有特殊性,《消费者权益保护法》中的欺诈跟民法上的一般欺诈是不是都是有关意思表示瑕疵的制度?《消费者权益保护法》中的欺诈跟民法上的欺诈在因果关系、要件上是否有差别,大家可以看一看。

我们简单回顾一下,《民法通则》中欺诈的内容比较古旧,主要是从《合同法》上来看。上述案件用的概念是从民法上来的,但没有引用任何相关的法条。《合同法》第 54 条第 2 款规定,"一方以欺诈、胁迫的手段或者乘人之危,使对方在违背真实意思的情况下订立的合同,受损害方有权请求人民法院或者仲裁机构变更或者撤销"。这是《合同法》的规定。《民法总则》没有特别大的改变,《民法总则》第 148 条规定,"一方以欺诈手段,使对方在违背真实意思的情况下实施的民事法律行为,受欺诈方有权请求人民法院或者仲裁机构予以撤销"。从《合同法》到《民法总则》都没有定义欺诈,"一方以欺诈的手段",通过"使",通过"违背真实意思"把其他要件构筑出来,如因果关系的要件,但对于什么是"欺诈"本身毫无定义。这个定义出现在《民通意见》中。换句话说,我们习惯了欺诈有两种情况:一种是故意告知对方虚假情况,另一种是故意隐瞒真实情况,这不是天经地义吗?不是,《合同法》和《民法总则》没有提出这样的界定,但《民通意见》的地位以及长期的历史可以成为法律认知的一部分。但即便如此,这些表述含义到底是什么呢?可能不如大家想象得那么清晰。所以我们谈欺诈要注意,我们讲的欺诈是指欺诈的制度,构成欺诈指的是满足刚才总结的全部四个要件，通过欺诈相连接达到法律效果，比如可撤销。

我们进入要稍微多一点时间讨论的第二个案件，这个案件更简单，我们找一个同学说一下。

同学3：这个案件是王某和金某出售他们清楚知道的曾经发生凶杀案的别墅，购买价格非常低，是以市场价卖给洪某的。买受人认为出卖人构成欺诈，诉求法院撤销这个合同。

茅少伟：你同意法院的判决吗？

同学3：我同意。

茅少伟：为什么？

同学3：本案属于默示欺诈，发生了凶杀案件肯定会影响买受人买房子的意愿和价格，这两个人明知而且知道洪某不知情，我觉得有义务告知洪某。

茅少伟：洪某是不是觉得这个房子以前有点问题，但我已经搬进来住过一段时间了，福星高照，喜气洋洋，历史总有翻开的一页，我这么心宽体胖的人住了这么多年。我为难你一下，如果你不幸被律所派为被告人的律师（卖方的律师），你有什么办法帮助你的当事人，怎么给王某提供一些参考和启发，能不能帮他想一些办法，判决书里有王某一方提出的意见，没有一点点打动你吗？没有一点点有趣、有意义的地方吗？

同学3：我觉得买受人买的是价值这么大的别墅，而且这个案子在当地流传比较广泛，稍加打听就能了解这个情况。

茅少伟：你买房子会问这个房子发生过凶杀案件吗？这是买房子经常发生的提问吗？

同学3：大部分人会了解附近的基础设施，会和周围人或者中介了解，我觉得在了解的时候，一个影响很大的案子可以轻易地了解到。

茅少伟：但那已经是八年前了，互联网时代记忆短暂，可能旁边的租户、住户换了一波又一波。你作为被告律师，觉得有没有其他的可能？

同学4：他们始终对死者亡魂有忌讳，虽然社会上大多数人对凶宅比较排斥，对一些人的灵魂比较排斥，但我们国家是一个相信无神论的国家。

茅少伟：我们国家也是尊重宗教信仰的国家，这是宪法赋予的权利。

同学5：判决里提到，卖方（被告）没有故意。

同学6：如果我是被告，根本没有实施欺诈行为，因为欺诈行为是积极欺诈，被告没有主动说房子没有发生过凶杀案，这是消极欺诈。

茅少伟：这位同学引入了法律上高度复杂的概念，有没有积极地说任何欺诈对方的话？当你认为是欺诈的时候，很显然已经受到《民通意见》的影响，将其归类为第二种消极欺诈也好、承诺欺诈也好。第二种故意隐瞒真实情况，这是一个很细腻的概念。那什么叫隐瞒真实情况？

同学6：例如，二手车之前大修过，会影响驾驶，但是我卖车时并没有告诉买方这件事情。

茅少伟：被告有一句非常有意思的话，房屋的历史不影响房屋的使用，买方不需要全面了解历史，卖方没有义务全面告知买方历史。卖方有必要在做交易的时候什么都告诉买方吗？卖方说这辆车有很多浪漫的记忆，有必要告诉买方吗？买受人有很多事情没有告诉出卖人，出卖人有很多相关的事情没有告诉买受人是常态。换句话说，什么时候才可能构成故意隐瞒真实情况呢？故意隐瞒真实情况有强弱两种形式——弱形式（教科书长期使用的形式）和强形式，当我调查一个事件的时候，发现了解事件情况的人都莫名其妙失踪了，当我尝试接近信息源的时候，信息源很快被对方遮盖了，这算故意隐瞒真实情况的情形吗？大家可以思考一下，当然多数情况下是弱形式，意思是我们引入了一个概念，叫作有告知义务而没有告知，因此违反告知义务叫作欺诈。这件事情应该告诉他吗？

同学6：如果我是被告方，没有义务告知。

茅少伟：显然这有争议。我们看一下法院的回应，有同学能说一下法院的核心说理吗？

同学7：“故而，王某、金某是否披露案涉房屋曾发生凶杀案件的信息对其与洪某之间的合同能否订立，或者订立的条件产生了实质性的影响……”

茅少伟：此处有两个点，这个信息是对于交易达成或者交易的条件具有实质性的信息，但“这个信息”多了去了。我在来的路上刷新浪微博，“一个乾隆年间的花瓶在慈善商店被买走后，又以低廉的价格被挂在 eBay 上。某卖家将其购入,并于拍卖行验证。拍卖行证实该花瓶为乾隆皇帝时期的罕见花瓶,上面还有乾隆御题诗一首”。这个花瓶是普通的花瓶还是乾隆年间的花瓶,是否是对交易能够达成的核心影响机制?售卖人是否告知这些信息?肯定没有,那该不该披露呢?这个告知义务有没有呢?换句话说,仅仅说这个信息对于交易的达成或者交易的条件具有实质性影响,跟有没有披露之间隔着很远的距离。比如一个二手琴行买了一把琴过来,你看这个琴是特别有名的小提琴家的琴,你买了,但老板不懂。这个时候你的直觉认为这一信息应当披露吗?我们直觉上认为这是淘宝,我淘到宝自然很开心,我如果告诉你你还会2000元卖给我吗?肯定不会。所以这个信息自然对于交易的条件或者交易的达成有充分影响,但有必要披露吗?人们总是有不同的信息,人们总是对于不同的信息有不同的反应,我应该把知道的都告诉你吗?所以仅仅说信息很重要,跟有没有披露义务还离得很远。就此而言,法院没有采用任何的事实根据,而是用了一个遁词“按照诚实信用原则”。诚实信用原则是民法中的“帝王条款”,很多时候我们用这些基本原则作为遁词弥合思维和逻辑断裂。这个地方有巨大的逻辑断裂,这么重要的信息对于交易有影响,但有影响就应该披露吗?法院并没有回答对交易有实质影响的时候,什么信息应该披露,什么信息不应该披露。我们法律人最重要的素质是能够比其他人更敏锐地发现事物之间的相似和不同。我们呈现出来的主题:一个对于交易的达成或者交易的条件有实质性影响的要素和信息,如果只为一方当事人享有的话,该方当事人是否具有披露义务是不确定的。我们在此画一条线,什么时候应当披露,什么时候不应当披露。大家会认为这个花瓶应该披露吗?情感上接近于不应该披露。本案接近于应当披露,大家想一想,能不能进一步探究抽出一个问题,更接近于个案综述,有没有同学试一试?

同学7:老师说事实上有实质影响,这个地方判断标准有两个:一个是法律规定,另一个是交易习惯。这个新闻属于淘宝拍卖,是一种自然风险型的,买到算赚到,没有买到算你亏,交易习惯上认为价格并不是特别重要的。

茅少伟:对于一个买卖合同而言价格不重要吗?价格不重要,什么重要呢?

同学7:交易习惯没有关于这方面的披露义务。

茅少伟:在凶宅案里有吗?

同学7:有。

茅少伟:中国是一个很安全的国家,很少有凶宅买卖,凶宅信息的披露足以形成习惯吗?

同学7:大家普遍存在着一种禁忌。

茅少伟:这个心理是普遍的,这个心理影响房屋的使用价值,进而影响交换价值,因为影响价值我就应该披露,这又回到原点。我是一个特别热心的小股东,老查阅公司账户,查来查去发现有问题,就想把我的股权卖掉。我卖了后要不要告诉他这个公司有问题?我没有告知对方就把股份卖掉了。过了两个月,公司陷入经营困境。我明确知道公司经营出现了问题,还不告诉对方,还把股权卖了。这个案子接近于凶宅案还是接近于二手买卖的案件?

同学8:凶宅买卖涉及不动产的拍卖,对于不动产拍卖是"有恒产者有恒心",买受人会尽可能知道我买的房子怎么样。淘宝、流通是较于不动产更为便利的一种获取财产的方式,我们是相应地减少一点对于它的信息披露。

茅少伟:暂停一下,大家都知道学位很紧张,我发现深圳某一个片区要建一所中学,很快就把周边一排房子买了。买了一年之后果然建了中学,还是北大去建的,这片区的房子瞬间变成学区房,房价翻了一倍。这时候原来的出卖人找到我:"你知道这个地方要建一个学区,为什么不告诉我?"你觉得这时候买受人有披露义务吗?

同学8:我觉得没有,因为在这桩交易里面,我当时买这块地皮是有投资心态,而不是作为我的居所、住所。

茅少伟:居所需求也有,我孩子将来要上学,先住在这儿。

同学8:那我不知道了。

同学9:我觉得这个问题很大程度上取决于信息是什么,这是一个公开的信息还是一个隐藏的信息,对于一个花瓶来说,花瓶放在那儿,每个人都可以过来看并判断是否值这个价格,这个信息对于所有人都是平等的,对于卖家和买家也是平等的，对于公开信息买家应该有自己的判断而不是依赖于卖家的披露。股权问题可以自己去调查，是自己能力范围内的。对于凶宅来说，八年过去了，房屋之前发生过什么，对于买受人来说一般不会去注意，很难了解这些问题，这种情况下卖方应该把重要的信息告诉买方。

茅少伟：很好，你刚才有一个非常重要的区分，有些信息是公开的，有些信息是隐藏的，这个直觉上符合对信息的认知。发生凶宅的信息是公开的还是隐藏的？

同学9：我认为是隐藏的，时间过去了很久。

茅少伟：因此，该信息在公众意义上不那么被人所知，但出卖人是知道的。这个直觉很重要，因为披露义务是在出卖人一方，出卖人比买受人更了解他所卖东西的特质。但刚刚的情况，我当然了解我们公司快完蛋了，你觉得还是卖方不应该披露，原因是什么？

同学：我觉得有两个原因，一是因为公司大致的情况可以从很多条件了解到。二是我认为它会倒闭，但不一定会倒闭，是针对未来信息的预测，不是欺诈。

茅少伟：非常好，除了隐藏公开的信息，某种程度上还有另外的区分，就是有些信息更加具有主观性。一个客观新闻呈现在那个地方，某些人得到这个信息、理解这些信息会具有主观性，有些人则不具有主观性。比如王某是个无神论者，觉得房屋发生凶杀案没有关系，八年前以原价买的。八年之后他想原价卖出去，会不会影响这个问题？我们可以思考。一个股东，我们尽可能往不构成欺诈的方向上走，这个股东是如何判断这个公司可能要倒闭呢，他是不断地查阅公司账簿；不动产买受人是如何判断这个地方的房子可能要升值呢，他不断地读文件；这个人是怎么发现这个花瓶可能是乾隆年间的，他肯定是一个古董的爱好者；这个人是怎么知道二手琴很可能是一把古董琴，他很可能是一个行家。这些案例的共同点是什么，共同点是这些信息自动存在还是被生产出来的，是被生产出来的。生产这些信息需要很大的投入，而且这些信息被生产出来对社会好还是不好？所以信息从哪里来的又是一个特别重要的要素。

举个简单的例子，学区房案中这个人不是看文件了解的情况，而是有亲戚在教育局上班,让他赶紧买房,并透露那个片区很快会建学校,他就去买房了。我们脑子里瞬间冒出来四个字,他知道一些“内幕信息”,这时候你觉得他值得保护吗,不值得。所以我们看抽象概念的时候需要不断地运用我们的生活常识设想不同的案情,把它充实。民法的好处是能够降低信息交流的成本,但我希望你们能特别珍惜初学法学的新鲜感,换句话说,被法学锤炼得不那么纯洁的时候就回不去了,敏锐地提出问题,以有理由的方式说服。如果还有时间还可以做一些总结,但这个总结你们自己去做,你们可以完成。什么时候有披露义务,不仅跟交易影响有关,更与信息的特质有关,这个特质是什么,我们需要不同案件倾近事实,用你的想象力量和常识去判断,信息是公开的还是隐藏的,是纯粹客观的还是主动加工的,从天而降偶然得到的还是付出了很多努力生产出来的,当你付出努力生产出来的这个信息就带有某种财产价值,将带有某种财产价值的信息披露的时候相当于把财产耗散掉,法律上经常保护生产出的具有高度财产价值的信息,比如专利。所以信息对交易很重要,但其不一定要披露。

最后简单小结一下。故意隐瞒真相的欺诈同样要满足要件:一是故意隐瞒了真相,但这里面的“故意隐瞒真相”不能直接导致欺诈的结果;二是“违反告知义务”,我隐瞒真相的时候不见得违反告知义务,而违反告知义务的故意隐瞒真相就多了一个要件。

我们回到传统的故意告知虚假情况,我故意告知你一个虚假情况,导致你陷入错误认识,进而导致你做出意思表示。例如,我换一件新衣服,服务员说太好看了,我就买回家了。所有人都说这件衣服丑。这个服务员说,“这个人穿这个衣服丑得不行,还问我好不好看”。这个服务员是故意的吗?服务员明明觉得不好看却不告诉我,这属于故意告知虚假情况吗?又如,一个女孩去应聘,老板问她近期有结婚的打算吗?她其实已经订婚了,就说没有。近期有要孩子的打算吗?女孩也说没有。老板把她录用了。结果女孩入职一个月后结婚,一年后生孩子。这算是欺诈吗?我们先不论劳动合同,这种情形不算欺诈,故意告知虚假情况不直接导致欺诈,某些要件没有揭示出来,我们要加一个要件,即无论是故意告知虚假情况还是隐瞒真相都需要不法性或者违法性。如果没有一些非常好的例子做支撑就不能很透彻理解,因为不能理解这些要件是用以解决什么问题的。

我的报告到这里,这是我做基础课的尝试,最后课堂上花10—15分钟做一个小结,把内容串一下,这样的模式有其优点和缺点,作为探索尝试一下看看效果怎么样,也许可以帮助大家更好地进入民法学习的殿堂。谢谢大家。

钱明星:谢谢茅少伟老师,下面有请方斯远老师。

方斯远:时间有限,我就"单刀直入"了。我曾经以为失恋是世界上最痛苦的事,但直到我当了老师后发现,失恋之后你还可以找到更好的,而"熊学生"给你带来的痛苦和折磨我想在座诸位老师都深有体会,每年的问题都是一样的,日复一日,年复一年。为什么会这样?从我的角度来看,我认为正是因为在我们的基础教学上忽视了对学生能力的培养而过多重视对知识的灌输,我们这两天案例分析课非常精彩,但有一个最重要的前提是这些方法可以让我们体系化地去运用一些知识,前提是你得有知识,基础知识得足够扎实,这就让你学会如何去辨别观点,如何去阅读文献,如何去总结提炼出它们的不同,进而在这个基础上我们才能有足够的准备、知识储备去体系化地应用。所以今天来我想讲一下我的故事,我的两位学生会从用户体验讲一下他们的故事,我们是否可以尝试用我们基础课的方式来引导同学们产生问题意识、学会追问,并进而学会通过文献综述的方式总结自己的想法,为他们后面更高阶的学习建立基础和练习,甚至为科研能力、论文写作做铺垫。

我选取的主题是法律渊源理论,这在传统民法教学当中一页内容就带过,但是我们的法律解释、请求权基础运用最重要的前提是要识别哪些规则是现行有效的,这个问题在中国尤其复杂。我觉得法律渊源理论在民法教学当中是一个被低估且非常重要的部分。它的意义我不在这里赘述了,课件中也写到了。

《民法总则》里有关法律渊源理论的规则主要体现在第10条。同学们上课的时候看到这一条款有什么疑问吗?大家不会有什么疑问。我问一个问题,你怎么翻译《民法总则》第10条中的"习惯"?昨天我问了一位同学,他说是custom laws。我反问他从哪里看出了laws?当然有同学有主动学习的兴趣,会读王泽鉴老师的书,王泽鉴老师说我国台湾地区“民法”第1条规定,民事依习惯。王老师说是习惯法,我们也差不多。但《民法总则》的规定跟我国台湾地区“民法”的规定有很大的不同,《民法总则》是“可以适用”,而我国台湾地区“民法”没有规定。“可以适用”意味着法官可以选择适用,自然也可以不用。这是 custom laws,还是仅仅是一个习惯?所以在我们的法学教育中,同学们看到这个条款,如果不细追问可能就这样过去了,而且掌握到这一程度应付司法考试,可以做出选择题来。再追问可能不知道,我追问习惯法包括什么?有人看过王泽鉴老师的书,说包括法的确信。那什么是法的确信,同学们继续哑口无言。我们接受的知识体系,一看觉得没有问题,而这样恰恰导致我们的局限,我们把什么东西都视为当然,自然不可能提炼出所谓的问题,回答不出来这个词语或者这个制度究竟是怎样的。

那么我们应该如何提炼问题意识?首先从文义出发,文义是教学当中容易忽略的点。如果对构成要件进行分析,就会对文义有相当高度的精准把握。但很多时候,问一个学生问题,他会说“好像是,可能是,我的上课老师提过是”,不会说“我们的法律规定是怎样的”,他可能非常支支吾吾,觉得法条好像是这么规定的,但我们从文义出发,会看到:第一,这个法条是不是封闭列举;第二,“习惯”的含义到底是什么,是习惯还是习惯法,如何理解“可以适用”,我可以不用吗;第三,从功能视角来看,法律和习惯是近乎一切吗?

我们从习惯法开始讲起,我上课更希望大家看到我分析问题的初步思路和提出问题的方式。第一,什么是习惯。第二,习惯和法律之间的关系。第三,如何理解“可以适用”。假设你是法官、律师,用到这条的时候,究竟怎么去应用它、对待它。我非常欢迎同学们提问和质疑,但不要抬杠,而是要凸显自己的个性,你们一定要充分阅读,搞清楚大家争论的焦点是什么。这里有好多观点争论,梁慧星老师认为这是事实上的习惯,王利明老师认为这是习惯法,汪洋老师认为包含习惯法和事实上习惯。但是有一个问题是学生不会读文章,最多读一个摘要,这体现在毕业论文的文献综述惨不忍睹。学生应该找三大刊的文章,找知网上排在最前面的文章。

从文义出发意味着我们要解决构成要件的问题,我们要去提炼它,然后通过阅读可以看到,习惯法和事实上的习惯最重要的区别是"法的确信",王泽鉴老师的教材也写到过,但问题是这究竟怎么证明,进一步追问,什么是"法的确信"。我们遇到这个问题的时候,最简单的方式是找立法者,法律解释有主观说、客观说,立法观念不具有绝对的拘束力,但可以给我们提供非常好的参考。在教学当中,我发现有的同学写文章对照法条时不会看全国人大常委会法工委的释义书。其实应该看一下,有些同学凭着自己的法感情和文字功底瞎解释。这些释义书给了我们一个定义,这个定义看上去有点像习惯法,因为有长期惯行,又有"法的确信",但最后提供的是民间习惯、商业惯例,这两个显然不是我们的习惯法。所以这些释义书并没有给我们回答,但这样的问题应用到实践当中我们必须要搞清楚,因为习惯和习惯法构成要件不同,在诉讼上还会涉及证明责任的不同。我们也可以去找一下当年立法者的草案说明,有时候会有遗漏的线索,但在这个问题上我们发现没有。当时有很多学者参与了立法,他们的观点是怎样的,如果他们之间的观点有分歧,那么谁的观点最终影响了全国人大常委会法工委。如果按照上述路径还解决不了问题,就从法律体系里面找线索,《物权法》和《合同法》中有交易习惯,但它们并没有确立习惯法的含义。所以我更加偏向于梁慧星老师的结论,《民法总则》第 10 条的"习惯"包括了民事习惯和商事习惯,但并没有确定习惯法的含义。

从一般理论来看,习惯与制定法有四重关系,但是这四重关系里面,习惯独立成习惯法,以及习惯补充法律漏洞都可以符合我们立法文本的规定,所以我们还是没有得出一个结论。因此,我们再重新转向域外相关规定中找线索,同学们切记千万不要随便找一个。比如,巴西的习惯是习惯法,这对我们有参考意义吗?可能有,但意义不是很大。所以我们要进行比较,但不能乱比。还要看文本解读,这个制度在域外是怎么流变、转变的,不能静止地看。

最同源的是我国台湾地区的规定。如果按照王泽鉴老师的权威观点,我国台湾地区"民法"第 1 条的习惯仅指习惯法。这个习惯法是必须适用的,和我们的"可以适用"不一样,即假设存在一个叫作习惯法的东西,它跟前面的“法律”具有同等效力。我们看到法条可能有这样的例证,关键是我们怎么去证明它,这是我们真正要面对的问题:“多年惯行”怎么去认定,习惯法如果被适用,其本身应该达到制定法一样明确的程度,要有清晰的构成要件和法律效果。大家觉得这个东西存在吗?或者有符合这样的东西吗?更难的是“法的确信”,这个“法的确信”应该是怎样的认定标准。所以习惯几乎无法证明,而且事实上越来越少。德国也好、瑞士也好,这一方面都面临着衰弱和转型,大家纷纷觉得这时候用法官法代替所谓的习惯法会是一个更好的选择。

如果是这样,我们又得出一个中间结论:并不是域外有这个东西就真的运用得很好,可以成为我们的参考对象。但社会变得像一个商业社会,我们再去把一个传统的习惯法写进《民法典》或者《民法总则》,究竟给我们带来更清晰还是更困惑的认识?对司法者来说,如果连德国和瑞士有那么多积累的地方都觉得习惯法很难再用,那么引进来这种概念所造成的困扰对我们来说同样存在。因此,有一个初步的结论:我认为《民法总则》第10条的“习惯”比较适合解读成“事实上的习惯”,而不是“习惯法”。我的论证是否有问题,我的论证材料是否完整,这是课堂之后给同学们提示的思路,我无意用我的观点去约束大家考试怎么回答,我更希望启迪大家学会找问题和解决问题的分析思路。

同时给大家提示一下汪洋老师的看法,他提出非常折中的看法,把习惯和习惯法放进民法,他的观点跟王泽鉴老师观点的差异究竟在哪里?

在司法解释方面,如果从实用主义角度来说,我们做法官或者律师不用去追问,有规则去用就好了,司法解释用起来清晰一点。但这不是我们的最终目的,我们仍然要对制度进行反思。那我们怎么去反思,实践上有就用好了。但对一个制度,学者为什么有那么多批评态度和观点,这是问题所在。首先看基本理论,大家学完法学院课程之后写文章,找不到问题,可能就找老师问有什么问题,然后老师分给你一个问题。写文章时提出各种观点,再总结出一个折中说,然后美国、德国、法国是如何规定的,最后我认为中国应该怎么样。什么叫作理论?“理论”的另一个翻译是“假设”,我理解的理论是在一种假设前提之下可能会发生某些效果,这种效果可能是我们社会所欲求的,这是来自科学、哲学的追问方式,建议大家看一下《科学结构的革命》这本书(我国台湾地区翻译的版本)。我们对任何一个制度进行提炼或者追问,始终要去看有没有基础,对司法解释进行评判的理论基础就是法的发现三阶层,域外用法理完成了这项工作。那么我们的司法解释完成的是哪一个工作,是第一阶层的法律解释还是第二阶层的法律补充(填补漏洞)还是第三阶层的法律续造,应该只限于第一阶层,法律解释,进而统一法律适用。最高人民法院用对了法律解释方法吗,用什么解释方法,怎么解释出来的。第二阶层是填补漏洞作用,最高人民法院用的是什么方法,用得对不对,有没有想过最高人民法院做这个解释依据的是哪一条文、制度基础是什么、解释方法是什么,这个解释方法之间是不是有位阶之分,解释方法用得对吗?比如,情势变更原则,《合同法》对此"有意沉默",有学者认为就是填补,那么基准线在哪里,还有可能是不当地限缩或者扩大了条文适用范围,这样是好的结果吗?第三个阶层直接超过现行法进行法律续造,这还符合最高人民法院的权限范围吗?当我们这样追问的时候,我们首先想到的问题是最高人民法院做出了何种司法解释,我们看究竟做到的是什么,这个做得好吗,有没有好的未来的改革出路?这样我们会发现一个习以为常、用了很久的东西隐藏了这么多问题,每一个问题都值得我们去思考,进而展开我们的想法。

课堂效果体现在学生的表现上,学生究竟从我的课堂上得到了什么,我走出了第一步之后他们走出了哪几步,我想请两位同学上台,这一场真正的主角不是我,而是他们,因为培养学生是我们最终的目标所在。有请两位同学说一下通过我的课堂开展文献综述。

同学1:我跟大家一样,看到了老师分析问题的方法,也得出一个相对有说服力的答案,但我还是抱着一种怀疑的态度,因为在课堂上还是没有深入不同学者专业观点的交锋点。老师说《民法总则》第10条可以适用也可以不适用,在司法实践中法官是怎么对待这个问题的?如果域外经验是一种衰弱趋势,"习惯"对于我国立法、司法而言是否可靠,是否在当下中国就没有意义了?中国有习惯法吗?老师推荐阅读的汪洋老师的文章采用的是折中说,我联想到教材里面非常喜欢针对一些争议点最后采用折中说的办法去解决,在我看来这是用回避的态度来解决问题。

我带着这些问题去请教了老师,老师建议我用文献综述的方式对《民法总则》第10条展开研究和回答,我选取的最核心的问题是民事习惯在司法中如何适用,我认为这是主问题,可以带着我的疑惑从核心问题引发次问题,进而到我之前困惑的问题上。

首先是民事习惯在司法中如何适用的问题,习惯和习惯法的构成要件不一样,这对司法如何适用很关键。老师课堂上讲述了法律解释的方法,我就用文义、比较法、体系、历史以及立法者的意图和学理解释民事习惯是什么。如果说我要探寻出一条适用路径,那么也要知道司法裁判中的现实适用是什么样子的。这是第二部分,现状。第三部分是法源条款,习惯是我国的法源吗?我就在老师"民法总论"课堂的PPT上通过文献,验证和证伪了课件上的观点。

下面讲一下我的思路,我先从两个层面展开,一个是理论层面,另一个是实证层面。理论层面我选取了几篇阐述这个问题的完整文章,比如,汪洋老师的文章,通过思维导图整理文章思路,从分析别人的思路开始,通过模仿形成自己的思路,这是比较常用的方法。在论证中我有新的发现,我之前认为汪洋老师那篇文章里的折中说和传统意义上的大多数教材一样,但实际上不是,他的观点是在一定前提下成立的。然后我从法源性质和法源分量这两个角度去论证这个问题,汪洋老师认为习惯到习惯法是一个逐步渐进流动的过程。所以我就得出一个之前习惯去看不同学说的区别,没有注意到结论在什么情况下提出才是我们应该关注的问题。论证每一步都回应了我的疑惑或者打破了我之前对习惯的看法。

在实证层面,我们要看司法裁判中现在是怎么适用的,我就查找了司法判决中的一些习惯具象,找出习惯的"真面目",然后区分一些标准并提炼出来,类型化分析,得出粗浅的结论,最后得出我认为的适用路径。尽管这个路径对于其他学者之前的研究来说可能没有很大的突破,也不一定站得住脚,但对于我这样的初学者而言,使我对习惯有更深入的思考。

方斯远:谢谢余同学。她相当于在毫无基础的情况下,学了8周之后在第10周上交的反馈,包括她的文献综述,是一个大一学生写的,在我看来,某些硕士生、博士生的学位论文我还真没看出这么大的潜质。下面是林同学,希望能给他们争取更多的机会,他们才是教学最成功的作品……

同学2:成功不敢当,我是老师的“工具人”。我跟师妹想讲的东西不一样,她侧重展示能力,我更多作为“工具人”出现。这是我自己做作业的思路,右边我履行我作为“工具人”的义务,向大家展示一个民法老师如何影响了他的学生完成相应的作业。

首先,我写这个作业时的线索。老师课上讲到,司法解释到底有没有问题,制度要不要改,其作用是什么。我们在实践中,至少在我的一些生活经验中,律师和法官觉得用起来没有太大问题。附带一个问题是,我们作为法律新人,刚刚进入大一,面对着一个从来没有听说过的制度,除了问老师,老师会相应地给我们一个结论以外,我们还能怎么做呢?

其次,我的文献作业,在《民法总则》第10条中没有规定司法解释,我首先做的任务是找到法源条款,其为什么能够成为法律渊源;找到了法源条款以后又找到依据,该条款依据什么而制定,也就是这个司法解释到底应该是什么样的,其实立法已经给出了明确解释。

我得出的结论和我引用的两篇文章想给大家说明的是,我做作业的时候特别留意老师说的,不要罗列观点,当成文献列举工作做完就算了,我们看完东西要做出一些结论。

再次,从文献综述里面能不能指出一些问题,未来应该是什么样的,这是薛军老师文章里面的内容。当然我读完那么多文献后相应地得出自己比较幼稚的想法,这里不展示了。

最后,我作为“工具人”,想说一些东西,民法人肩负着很多责任,我的老师做了很多工作,具体表现为:如果你要学习一个制度必须理解它,理解它才能同情它,如果不同情它,没有办法尊重它里面应该有的价值,根本没有办法走到未来制度的构建上。这是我的一点体会,都是很具体的,不能概括到方法引导上。我的介绍到此,谢谢大家。

方斯远:最后做一点总结,我们师生三人讲这个故事,当我们做教学任务时,把现在是怎么样、课本是怎么样说一下,如果把课本读一遍算是完成教学任务(有统一课本后更轻松了),这样教出来的学生有很多障碍,这个障碍始终反射到我们自己身上,体现在每年指导学生论文时的痛苦心情,根源在哪里?有些根源问题不在于法院怎么去解释,而在于课堂上没有真正对职业法律人进行塑造。但我们的课堂是有限的,所以我们可以尝试的课堂方式是让学生看到好的风景和一个初步的走入方向,他们自然就能开启他们新的征程,谢谢大家。

钱明星:我相信今天大家对两位老师的讲课有很多感触,真的是令人眼前一亮,而且两位老师的讲课方式都有自己的特点,茅少伟老师"涓涓细流",方斯远老师是"滔天巨浪、排山倒海",每个老师风格不一样。下面请北京师范大学的袁治杰老师对前面两位老师的发言做点评。

袁治杰:说点评谈不上,我对自己的角色没有信心,因为今天是一个案例展示课,我在想是点评形式层面还是点评内容层面?后来想了想,形式层面我也简单说两句。少伟老师和葛云松老师一样,常年思考我们的法学教育到底该怎么进行。方斯远老师直接说方法,大家都知道微信朋友圈流传着方斯远老师的《法科学生入门秘笈》,看了"秘笈"之后也就入门了。我想两位老师都常年就如何进行法学教育方面进行探讨,刚才看到他们的展示,风采各异。茅少伟老师的课堂互动比较多,方斯远老师通过"工具人"展示了学生在课后是怎么进行的,一个是线上展示,一个是背后工作,两个方面相得益彰。但有一个缺点,老师没有告诉我们授课对象是什么,大班互动课程,什么是大班,120人的课是不是大班,还是300人、500人才是大班;其次是年级,授课对象是大二、大三还是大一新生;老师最关心这个课是谁上的、以什么方式上。茅少伟老师丝丝入扣,对课程有良好的把控,我自愧不如,我相对更放纵学生,偏重于自由发挥,有时候偏得很远。方斯远老师的两个学生主要讲了背后的工作,学生课后做什么,这中间方斯远老师课下肯定花了很多时间和精力指导学生,我的民法总论课120人不太现实,需要大量助教辅助这个工作。但葛云松老师说助教很难培养,这是一个问题。

下面我就内容方面简单说一点我自己的看法,茅少伟老师举了几个案例,方斯远老师的题目非常有挑战性。茅少伟老师的题目是欺诈,最后提出《消费者权益保护法》中的欺诈和民法上的欺诈不同,《消费者权益保护法》并没有明确规定是受欺诈方因为欺诈而陷于错误表示,违背其真实想法,更多的是从单方角度出发,具有惩罚性,是从经营者恶意角度出发。这是很有意思的一点。

刚才还提到帝王条款,说"帝王"是任性的。我的理解略有不同,但"帝王"表明的是更高层面,最高的就是任性的,任性的就是最高的,这可能有争议。中国人经常讲皇帝犯法与庶民同罪,这什么意思呢?很重要的一点是,几千年来国家无不法行为能力。另外讲到凶宅我觉得很有趣,北京市高级人民法院的法官跟我探讨,首先,凶宅到底算不算对物本身的损害,从《物权法》角度探讨这个问题很有意思,当然也是侵权法角度,即物本身有没有受到损害。其次,什么是凶,自杀算不算凶,跳楼、自缢、他杀是不一样的。刚才的案例中原告住了8年,时间更长的也有,时间越长损害后果越严重。其后的案例还把股权和背后的信息披露联系起来,问题更复杂。可以说,茅少伟老师短短几十分钟提出的问题讨论一两天也讨论不出结果。

方斯远老师提到习惯、习惯法,习惯和习惯法之间的关系,如何认知,这是非常难的题目,很有挑战性。我来自西部小城市,我经常思考一个问题,我们那个地方的继承是按照中国古代的继承法,女孩没有继承权,如果到法院其继承权也能够得到认可。换句话说,在我们那个地方所适用的习惯跟我们法源是相悖的,这怎么办?当然,法律有规定的应当适用法律,但民间所适用的活法与现行法是冲突的。现在很多人讲习惯法,我很少看到有人专门提出我们到底有哪些习惯,是否有人梳理过。去年我出了很多儿童教育的绘本,跟出版业打交道,我发现很多出版行业的习惯(某种意义上可以称之为习惯法)在行业里是完全通行的。互联网领域的很多规则继承了习惯,他们说这是行业通行,但对我们来说是陌生的,是否有人把这些东西统一归纳出来。这是我的简单点评。

下面是自由提问时间。

提问:我是来自中国人民大学诉讼法专业的老师,来北大感觉很亲切,我在北大读过十年书,茅少伟老师是我的本科同学和硕士研究生室友,读博士时我们也在一起。我在读书时上过很多鉴定式的课,在德国,学生总体来讲是比较被动的,虽然老师提前发案例,老师用两节课甚至更长时间系统地讲一个案例,但总体来讲学生主要是在听,发挥主动性的场合是小班,但教授不可能给所有学生上小班课，小班课是博士生上，这时学生比较主动，但这样的课我没有听过。少伟讲的课给我感触很深，主要是：第一，比较有趣；第二，用一种发散的思维促进学生的思考，不在于很全面地给学生讲授所有知识点，这肯定不现实，是想通过吸引学生注意力，通过反向思维来打消学生的成见，让学生换位思考。我上课也尽量采取这样的方法，但这样的方法对老师要求很高，老师要足够聪明，只有老师做了非常细致的研究，自己有很深的准备，这样课堂才能生动。课听起来很舒服，看起来很容易，但现实上课其实蛮难的。少伟，这样的课怎样准备，或者你花了多长时间准备两小时的课？谢谢。

茅少伟：今天只展示了平时课堂的70%，一开始大家比较拘束，往后的时候大家都踊跃举手发言。对于刚才的提问，我从两方面回应：

一是课堂准备。这种方法的特点是，第一次准备是特别特别特别难的，而且很难一次成形。我们这个方法所使用的素材在很大程度上是葛云松老师之前的一套材料，我拿过来用并且每年不断更新，所以我的工作是建立在葛云松老师基础之上的。素材大致准备好以后，每年增补、修改就没有那么难了。这套方法的特点我不知道大家怎么想，但我觉得特别重要的地方，可能跟我对于法学教育和基础课的理解有关系。坦率讲，法学入门阶段并没有能够把十八九岁特别聪明、智识特别活跃的孩子的积极性激发起来，这些孩子要不然觉得内容枯燥，要不然觉得自己很笨，我们没有调动起学生过去十八九年已经有的资源，课堂讨论到深处大家都想着要发表意见，因为案例离我们的生活没有那么远，所以先放开再收敛。收敛式教育要求学生一定要知道法律是什么，但在此之前一定要打开，调动起学生的信心、兴趣，让学科之间有亲和感，这样研究这些问题没有那么难。法律不是专家式的法律，法律是所有人的法律，所以你们一定要有这样的意识，得有普通人的直觉和感情，而专家是让普通人的感情更加细腻、更加体系化，总之是以学生为中心。

二是很多老师担心知识点覆盖不全，其实不会，我们会有配套的讲义让大家阅读，是一整套讲义。学生还要做作业，否则不知道学生听懂了多少，没有评估机制。还有助教问题，基础课助教没有那么难，我的助教同学有特别大的体会，批作业、小组讨论、沟通，二次学习过程是特别有帮助的。打过游戏的朋友知道，第一遍打游戏是来不及思考的，第二遍的时候从容很多，把很多支线也开发了。所以要把助教工作当成重新学习的过程，这对同学们不是负担，是一个特别宝贵的机会。

中国法学教育现在是百花齐放的，不能定于一尊，无论是大班授课还是鉴定式授课，没有一招是能够“打天下”的，多试验后可能找出适合不同学习层次、学习目标的模式，我们和同学们坦率地沟通，一起努力。

提问：各位老师好，我是浙江工商大学的老师，我想问茅少伟老师两个简短的问题，茅老师讲课很精彩，专业水平上我跟茅老师肯定有很大差距，我作为听您课的学生提几个小疑问。

第一，欺诈问题，茅老师的上课方式我个人非常喜欢，通过案例引入问题并不断深入，但我想问，茅老师在说到故意隐瞒真实情况的时候，提出这些追问之前或者列举案例之前，是不是对这些问题已经有了预设答案，这个预设答案在学生回答问题过程中对你的预设答案有影响吗？会改变答案吗？我之前上朱庆育老师课的时候，这种方式特别好，但发现距离给定的细节稍有差别的情况下结果会大相径庭。所以你是否有预设答案，如果有，是否会随着学生而改变？比如举例子，首先说到凶宅，后来说到股市、古玩，谈及欺诈时，古玩市场跟房屋买卖不一样，古玩市场有一个词是“淘宝”，还有一句话是“你的眼力好不好”，这些是司空见惯的。还有主观方面和客观方面，凶宅客观上造成了损害，但主观上有没有存疑，所以你有没有在预设答案的情况下根据学生的回答做调整。这是第一个小问题。

第二，学生在学的时候要引导他们，他们才很有动力去学。比如你在深圳上课的时候，会让学生做课前预习吗？如果让学生做，那学生会做的比例有多少？在座很多老师也有这种想法，我们也想做这种事情，但课前学生了解不够可能就没有办法深入。谢谢。

茅少伟：谢谢，我简要回答一下。第二个问题我们基本上是提前一周、两周给学生发特别详细的课程安排，精确到页，要求读的最重要的内容是案例，并要求学生在读案例的时候，如果有一些不明白的地方去读教科书。那怎么检查学习效果呢？学生经常会读案例，因为谁也不知道会被点到，通常大家准备得还不错。课堂上我们不要想着去约束、规范学生，而是要引导，不准备就进不来。课堂的好处是让他们觉得自己是课堂的一部分，要不然和看视频有什么区别呢，一定要在物理空间上进来，有细致的安排，包括检验和助教的辅导。

我们这套方法是所谓的苏格拉底方法，这种引导式的方法我心里当然有答案，但我不会预设答案，哪怕说成我心底的答案我也一定会再反问，因为偶然得到的答案是不一样的，重要的是探究的过程，并把其揭示出来。我们跟美国方法很大的区别是，课堂最后做一个小结，让大家知识基础扎实一些。但前面讨论过程中我不会讲我自己的观点，不过会通过提问的方式引导学生，经常会有惊喜，有学生提出我从来没有想到的点，我会及时反应，这是教学相长。民法总论我上了6次，总的来讲效果不错，学生对法教义学掌握程度并不比传统授课方式差，同时提高了学生的兴趣、信心，包括这套方法里的文本阅读能力、案例阅读能力，如何精简地讲一个案例，如何做案例的摘要，如何能够表达自己的观点，如何表现别人观点中有价值的地方，如何站在中立法官的角度平衡观点，这些能力我们不提出来，但使用这些方法会逐渐地培养学生上述能力。大家进行高阶课的时候会有非常好的基础，纳入昨天金老师讲的东西，有一套规范的约束方式呈现出来。这套方法肯定有它疑难的地方，但我觉得还是值得尝试的。谢谢。

袁治杰：少伟老师这个课的授课对象是研究生？

茅少伟：授课对象不同但方法一样，还没有机会给本科生上。

袁治杰：研究生跟本科生的阅读能力、理解能力有实质性的差异，已经接触过四年大学教育后还是不一样。

茅少伟：大家会调侃我们的知识巅峰是高考结束。我们缺少活跃性，要不断调整，而且我们低估了学生的学习能力，换句话说，学生自己也低估了自己，还没有进入这个语境、状态中，进入之后发现有时候会远远超出预料。我在北大读书的时候，觉得法学教育不太需要智商。现在司法考试也改革了，很多法学教育也在做改革，这更挑战他们的智力，其实其他方法也有很好的方面，但没有机会讲。总而言之大家要有信心，对学生也要有信心。

袁治杰：方斯远老师怎么想的？

方斯远:这个问题我跟少伟老师的想法一样,我们两位同学用8周左右的时间学习民法并做出文献综述,大家可能对此稍微有点惊讶。我觉得首先不能对自己的预期太高,我们不可能使所有同学达到同样的层次。最优秀的学生是不需要老师的,给他稍微提示就可以走完剩下的路,看范文、模仿,就可以完成学习。惭愧地说我就是这样的学生,所以我检讨一下传统教育,让大家有可复制的方法。更多的是我们要看中间的学生,他们有天分但不一定有经验,但他们是支撑未来法治事业且绝大部分是构成律师、法官、检察官的群体,他们用心、有理解能力,我们更多的是给这些学生做一个引导。有了这样的做法之后,也会进一步带动其他学生,老师教出学生,他们的经验可以为其他同学提供示范效应,想学的人自然会出现在我们面前。昨天我专门问吴从周老师台湾大学案例研习课的情况,周老师叹了一口气,说最多50%、60%的学生加入课程中,我说50%、60%也很了不起。培养出这样的学生我觉得是无愧于心的。

袁治杰:时间已经差不多了,最后时间就由钱老师总结一下。

钱明星:没有什么特别总结的,我感觉到我们年轻一代的老师不仅仅对我们的课程非常认真,而且都有自己的想法,并且有为国家和社会培育人才的远大抱负。昨天刘凯湘老师说,我们在民法之中也要跳到民法之外,今天我说我们民法是有希望的。谢谢大家。

第五单元 | 学生反馈与自由讨论

主持人:刘哲玮(北京大学)、金锦萍(北京大学)

刘哲玮:这一单元是自由讨论环节,以32位同学为主,如方斯远老师所说的,我们做教育最后呈现的是学生的学习效果,而且做老师越来越难以听到真话了,当学生包围你的时候,问学生这个课怎么样,他们都说"老师你的课上得好好啊",连长得像我这样的人都能听到"老师你好帅啊"。我们请到32位同学,全程参与了6次示范课,他们在学校里面上了一年或者两年的民法课程,我相信无论对本学校的民法教学还是对这6次示范课,他们都有很真挚的体会。他们来自不同学校,授课老师点评起来没有特别大的压力。同学反馈之前先请金锦萍老师做点评。

金锦萍:如果我们的学生像你们这样听课,老师的授课相比之下就不那么重要了,所以学习态度和求知欲望是第一位的。老师一上台看到你们眼睛里冒着光就会觉得自己是金光万丈,老师的激情和智慧就会被激发出来,这样会教学相长。为什么这么奢侈要花一个小时听这32位学生的心声?北大案例式教学方法探索了很长时间,而且已经有毕业的学生反馈说,金老师我现在在做律师,一碰到案件就条件反射性地找请求权基础,然后洋洋洒洒写几万字。现在我们的学生一周的作业就是这个数量,而且这只是一门课而已。所以从某种意义上来讲,这样的教学效果到底怎么样,我们等待着市场反馈。但有时候我们也很着急,6次示范课之后想急切地获得你们的以下反馈。第一,你们觉得这个教学方法怎么样。第二,你们如果觉得有改进的空间,在哪些方面对老师有所期待。第三,这样的教学方法给你们增加了课业负担,课前复习、课后作业还有大量的讨论,你们在多大程度上能承受得了，如果所有课都以这样的方式教授，大家会觉得撤销这种形式吧。哪些课适合？民法是毫无疑问的，但不能排除其他课程，如刑法、行政法的基础课程是否可以以同样的方法来教授。即便在同一个案例教学方法下，不同老师上课侧重方向也不一样，你们觉得这样的多元化方式更好，还是希望课上能够有比较核心的内容，万变不离其宗，方式不一样但有些因素不可或缺。这个环节我们听听你们的声音，尽管不讨论法律问题，但这些问题的讨论不仅对大家，对你们的师弟师妹都有影响，我们要听真话。还有，我们今天都是平等的，老师的授课水平让我们感佩、敬佩，但我们在人格上是平等的，这个意义上学生是老师最好的试金石，我们说口碑很重要，老师到底怎么样，学生是最好的检测。现在的时间给你们，32 位同学，哪位同学先来？

同学 1：首先，对于民法课程时长的问题，潘剑锋老师已经提过，没有太多需要讨论的，主要是说明民法对于基础课的意义很大。如果民法总则上好，后面的债权、物权时间可以更少。

其次，对于《民法总则》的性质，老师也有提到过，大一新生一开始接受民法总论，过于抽象不利于学生理解，可可老师教我们民法总则，加了很多物权、债权、婚姻法、公司法的内容，我们私底下叫私法通论，更适合学习，是更高阶设置总论课程。

再次，在民法教育方面，方斯远老师提到学生自学，学生自学很重要，我确实也是在自学中得到的成长，这是在老师指导下的自学，老师提供一些参考书籍、文献，杨老师每个单元都会推荐法学家的论文，鼓励学生学习制成电子笔记，电子笔记更容易查阅、分享、交流，鼓励学生进行专著论文学习，以及参加读书会。

复次，要进行方法论的教学，方法论要占更多比重。实务课上案例研习，民法总则中不同的要件，像茅少伟老师讲的欺诈与错误不一样；侵权法是孙老师授课，举很多案例，不同案例中会厘清概念，从一个极端走另一个极端，极端中反复回校，最后找到真正的价值观是怎样的。老实说，是不是每一门课开专业案例研习课，你都必须要选案例研习，实际上是自己选的，诉讼法有，民法、刑法、行政法有，每门都开案例研习课确实吃不消。案例研习课可以给我们设置一些具体的步骤格式，在这个格式下继续讨论。之前有很多种不同观点，不要讨论多种观点如何选择，我们还达不到这种地步。

最后，案例研习对我自己的影响。一是从老师上课的内容、讨论中确实可以发现不同观点，案例研习从步骤分析，大家可以一眼看出要约、承诺，要约、承诺也会涉及不同的问题，逼着自己找材料分析，会发现学者也有不同的学说，这是学生自己发现的。二是找立法材料、法工委释义书，对自学有很大作用，倒逼自己学习。这些任务完成就写出了几万字作业。这些经验是我这几天上课和平时上课在金可可老师、孙老师等诸多老师的教育下形成的。

金锦萍：我怎么感觉是华政（以下发言中均指华东政法大学——编者注）的招生广告，谢谢，讲得很全面，华政推行案例研习比较早，可惜他们都不在场，我会把你的话带给他们。

同学2：我请教两个问题，我们的思考应该止于哪一部分，当法教义学面对法科学批评和抨击的时候，为什么民法跟哲学没有关系，民法哲学……

金锦萍：就现在的学习阶段可以先不考虑民法哲学，这个问题可以让少伟老师作出回应。

茅少伟：在这个方面最好的比喻来自我的室友金印博士，很简单，这取决于定位是什么。研究者的定位是一个会编程的人，大家熟悉科技发展史就知道，微软占领整个市场是因为提供了非常好的图形界面，整个操作系统使得普通人可以简单地通过点击图标的方式进入，更早的操作系统和微软操作系统对用户的友好程度不一样，微软提供了很好的操作界面，便于大家沟通和使用。老师跟同学们讲60个课时的民法课，最多有5个点是深入思考的，有30个点是我有所思考的，有60个点是学生听老师讲的。如果深入思考每一个问题，我们的人生是不够的，因为法律太宽泛了。但如果学生没有经过很好的思考，在实务中真正遇到难题、需要在新兴领域开拓的时候就不具备能力，所以学习阶段的训练是能力的训练，制度、案例都是打磨这个能力的“跑马场”。

关于思考应止步于哪一部分，我想没有尽头，但课堂有限，换一个案子可能觉得老师讲得不太对，这些都是法律往前发展，一步一步来的，能提出这么好的问题说明已经走到正确的轨道上了。

同学 3：我再问一下方斯远老师，文献检索的时候如何选择文献，如第243页引用了瑞典法学家 Aleksander Peczenik 的话，这些人物我们没有听过怎么找到？

金锦萍：他的意思是做文献检索，怎么确定你需要的文献能够支撑你研究的问题。

方斯远：这位同学提的问题是很多老师和学生遇到的，我给他们的第一个要求是排除不能引用的。老师的引导很重要，当一个学生一直是读王泽鉴老师的教材长大，一直读一些非常优秀的文献如汪洋老师的文献，不需要我们列出排除名单，其自然对烂文章有天生的免疫力。但第一步举证责任一定在老师身上，我们一定要先精选出稳妥的学说，有检验基础，这样的文章、教科书提供的至少是可研说、可交流、可检验的，不是结论和真理，而是在这个基础上可被检验。包括前面同学说的习惯法，涉及的文献很多，她也面临这样的问题。我认为第一步，学习一本书，第一本要学最好的，这样比较稳妥，我讲民总课用的教材是王泽鉴老师的书，给我们提供了很好的稳妥学说，进而刺激学生重新检验知识。

第二步要学会找权威的文献，世界上有一种16刊标准。当然16刊文章并不一定是好的，C刊上也有一些好的文章，但同学们先把目前最主流的观点找到，主流不一定对，但至少经过了层层检验，相对来说是比较可靠的，找到一些经典文献，下一步再从文献中找文献，从人家文献的注释里去找，再按照自己遇到的问题不断地去检索，这时候自然而然地就掌握了文献检索的方式，谢谢大家。

金锦萍：谢谢大家。方老师提出，要选择最好的内容来读，自然有好的鉴别能力。一开始的好内容则由老师提供。所以是师父引进门，修行在个人。

同学 4：大家好，我是来自吉林大学2017级的本科生，非常荣幸参与北京大学法学院主办的研修班，这一天半的课程给人的收获特别大，今天第五单元的学生反馈，我主要从学生角度说一下各位老师教学生的方法。

6位老师里面我最喜欢茅少伟老师的课，让我觉得法律很难，自己很笨。茅少伟老师的课让我觉得法学是一个很有魅力的学科，包括茅少伟老师上课的时候让我们自己得出结论,用很生动的例子打破我们的结论,进而让我们得到最终的结论。这种互动式的课堂让我觉得很紧张也很兴奋。其他老师讲课的风格不同,我有一个小小的建议,朱庆育老师授课是用讲故事的方式及和缓的语气,这种语调会产生比较催眠的课堂效果,但是朱庆育老师用他精彩的内容把这个缺点打破了,老师的语调可以更抑扬顿挫一点。

关于民法课程改革的建议,前面老师和学生说了很多,我稍微补充一个观点。在考试形式上,案例研习课应用于每个学科,学生压力会比较大,考试形式上是否可以做一下改变减轻学生负担,有一些考试用开卷形式,让学生有更多时间提高其他能力。

这一段经历很好,和优秀的同学们在一起我感觉到非常大的压力,很多18级师弟、师妹的见识都超过了我,各大法学院交流很有必要,外面的世界更加精彩,让我们更加勤勉地学习,谢谢。

金锦萍:她期待这样的活动再继续下去。

同学5:各位老师、各位同学大家好,我今天想讲的是民法课程改革,从自己需求的角度提一些小建议。四年学制很短、单门课学时不够,这个困境短期内不容易改善,教育改革在上述状况大体不变的情况下去开展,我的建议是针对这一现状提出来的。

首先是设置必要的新课程。其次是配套课程的问题。从德国留学回来的老师会提到伴随课程的东西,初级阶段一堂系统完整的讲授课已经满足入门的需要,学时很少、学制很短,这种情况下不得不重视教材对我国的特别意义,即教材的补充作用。所以我觉得有必要拿出高年级研讨课的一部分学科配套和一些基础课程,先开教材阅读课,而不是一开始设置案例研习课。我们可以在低年级进行微调,让老师推荐学界的经典教材,也可以推荐一些深度适当的文献,把它设置成一门课程而不是课下作业,借助课程考核机制督促学生学习,因为目前大部分学生自律性还是不够的。

最后是设计跨学科问题。或许我们可以重视不同课程的编排关联,我国《宪法》第5条第2款规定了法秩序统一原则。不只是民法,其他课程普遍反映学时是不够的,在专业课课时都很紧张的情况下,我们就应该更加注重法秩序统一原则所体现的内在联系,合理精妙地安排课程的顺序,尽量让前面修读的课程为后面修读的课程提供一些必要的基础,有必要限度的基础,从而使得不同的部门法之间融洽衔接,形成教育体系。民法学自身有高度发达的体系,如《德国民法典》的体例,我国也是按照这样的过程,民法课程内部已经没有这个必要了,主要是跨部门法课程要注重民法学科和其他部门法之间的互动、沟通。比如,《民事诉讼法》作为解决民事纠纷的法,安排在所有民法类实体法课程基本授课完毕的情况下或许好一些,因为就《民事诉讼法》中的一些制度,如果不结合实体,有可能当时完全理解不了,也有可能当时理解了但很难实现实体和程序的贯通,这样理解层次就上不去。国际经济法应当开在合同法分论后面,民法分论课程时间比较长。我的主要观点是不同部门法之间做好沟通。

金锦萍:今天除民法老师以外,其他各学科老师比较少。

刘哲玮:我明白你的意思,这不仅是民法教学内部的视角,下一次的院长高端沙龙会上要把同学意见转告给各法学院院长,甚至教育部教育指导委员会,作为民诉老师来说,你的意见我完全赞同。

金锦萍:这个问题特别好,是实体法和程序法的关系。

同学6:金可可老师展示请求权基础,课程没有设置相关配套内容,老师介绍的时候不会向同学们介绍相关的书籍,以至于我在大二才知道一些方法,之前一直用的是历史分析方法。首先,我想请问各位老师,对于法学方法论上的学习有什么建议或者见解。其次,昨天晚上有老师提到对于写作理论的建议和培养,我自己写作过程中经常会有这样的体验,自己写出的2万字内容和别人写出来的价值不一样,可能我写的2万字里面有1万字是废话,人家2万字说的都是精华。法学本身给我们的反馈也很少,我们在学术写作之前如何慢慢培养说理和论证的能力。今天茅少伟老师说到欺诈中经常忽略很多构成要件问题,如构成要件断代问题,可能我在适用的时候只套用构成要件,没有仔细思考,忽略了其中很多争议的问题。茅少伟老师您对我们发现这些逻辑断代会有什么建议,还是这是一个跟逻辑培养、法学方法论有关的问题。

刘哲玮:我请教三个问题,最后一个问题是指定茅少伟老师回答的。我觉得这三个问题都是有关联的,第一,法学方法论什么时候学习;第二,如何找到逻辑断裂；第三，检索与写作该如何学习。我觉得茅少伟老师这三个问题都能够回答。

茅少伟：我简单说，我是不赞成很早学方法论的，你现在是大二，我特别不赞成在初阶课太早地学习应用思维，学习方法论，学会这样的解释方法，学会一些东西就去用它，其实不是的。要知道在你总结出几种方法之前，法官、律师就已经在用这种方法，我们先让自己去沉浸、去体会，理解法官陈述的"欺诈"，这一陈述是《民法通则》结合《合同法》提出来的，要件是你拆出来的，有不同的拆法，为什么这个老师拆成四个要件，那个老师拆成五个，方法上都可以接受，法条没有说明该要件如何拆分。我们初学法学的时候要理解事理和人情是有道理的，不懂道理只把规则弄明白，你也学不明白，因为规则太多了。而生活事理是有限的，我们知道不同的事理后，要件被以如此这般的方式总结出来，无非是以最好的说理方式把专业内容总结出来而已。我们很多时候是先学总结完的东西，一个不太好的比方是一个嚼过的东西，不那么有营养了。

高阶课的时候，在宝贵的学习时光要主动去学习，很多时候我们课堂负担太重，就是因为学生课下负担太轻造成的，教科书可以自己去读，没必要上课去读，好大学跟普通大学最重要的区别是同学之间是否自我约束和激励。我们改革后的课程，所有民法课都是开卷，上课方式跟考核方式都是配套的。我觉得等你有足够多的经验、事实和储备，等你有足够多的例子，再去读方法论体会就会深入得多，而不是一开始就读方法论。很多同学没有学会走就开始跑，我认为不是，而是你没有学会爬就已经想飞了，这个差距很大。大家要耐心一点，法学阅读是"火箭科学"。

检索与写作课很有必要开，这是初阶课向高阶课重要的中转，面对问题时，把资源汇拢，你有思路带着材料走，而不完全是让材料推着你走，带着材料走，材料永远是"汪洋大海"。一开始可能材料带着你走，你的知识越来越多，就会慢慢带着材料走，这样才有所筛选，把你解决的问题框架建构出来，大家一定要有积极的心态，这不是一天能炼成的，但真的能够炼成。

刘凯湘：我补充几句，这位同学的发言更多的是提问题，一些年轻老师讲课当中也提出一些问题，包括方斯远讲课当中的一些问题。第一，其实对于法律学习特别是民商法的学习，人文社会科学的前提是大量阅读，也就是知识储备。学习方法、研究方法，包括历史法、比较法、文献法等，你知道方法怎么去用，说都说得非常好，认为很多法学方法不是某个老师教给你的，而是你用某个方法去学就好了。其实不是这样的，很多方法是自己慢慢悟出来的，通过大量阅读还有听课、跟同学交流的方式，但知识储备是很关键的过程。

第二，不管是从规则层面还是原则理念层面来看，法律是两个维度说，一方面，民法涉及的问题有很多学说观点，任何问题都有不同学说、不同理解，我经常跟学生说，这就是民法的生命力，没有绝对的证明规则以证明它是唯一的、最好的，所以很多内容可以产生不同理解。另一方面，是不是任何学说都可以奉为圭臬？不是这样的，我们要找到目前共识的基本规则尤其是法律适用规则，发出质疑挑战，这样更接近合理，也相对更合理。所以这两个维度，一方面我们要对任何原理、理念、规则有质疑，但另一方面必须达成共识，必须在共同平台上看待这些问题。因此，质疑学说时，需要大量的知识储备，如此才可以符合逻辑地推理。比如用50分钟时间讲欺诈问题是不够的，但要把核心点说出来，包括构成要件、立法变迁、第三人欺诈。方斯远讲的习惯和习惯法问题，司法考试改革后第一个题目就是我国台湾地区“民法”规定的习惯定义。我们讲的习惯是事实层面还是法律层面，对此有不同理解，梁慧星这么说、王利明这么说，汪洋主张折中。为什么民法里这么讲，刑法里是法无明文规定不为罪，这涉及公法与私法的不同理解，有了这个路径更能理解民法的习惯，这需要我们自己反复地阅读。除自己闷头看教材、著作以外，还有同学们之间相互质问、提问、辩论，这样才慢慢地使我们认识到民法尤其民商法处于何种应然状态下，以及当前的实然状态。我就补充这些，谢谢大家。

茅少伟：最好读与法学相关的方法论文章，葛云松老师的书建议大家去读，是跟法律论证、法律检索、法律思维、法学方法更好的融合，这是最好的入口。这是我个人的建议。

同学7：昨天有老师提到老师的本分是教学，科研是分外之事。今天老师提到相信自己的学生，相信自己学生做的事情。方斯远老师自己甘当绿叶衬这两朵红花。这些老师们在这两天课程中有一些东西很触动我，我来之前特意找了两篇文章的两个段落，第一篇文章是夏勇教授发表的《夜读杨老兼谈西政精神》提到："与其说'新三届'优秀，莫如说那个年代的教师优秀。那时的西政，有一个古道热肠、充满仁爱精神的伟大教师群体。他们没有多少高深的思想理论和时髦的教学方法，但他们殚精竭虑、呕心沥血、夙夜在公，克服种种困难，使教材、教学走在全国前列。他们追求真理、好学尚思、刚直坦诚，堂上堂下都敢讲真话实话。他们克己为仁、与人为善、爱生如子，把学生当宝贝，想方设法为学生好，尊重、爱护学生，用联合国教育公约里的时髦话讲，就是以学生为中心、以学生为本，促进受教育者的人格尊严和自由发展。"还有一篇文章是梁治平老师在《我的大学》里提到：说到老师，我眼前便浮现出一些熟悉的面容、声音和姿态。许多年过去了，记忆中的这些影像既没有衰老，也没有褪色。我领受过这些老师的教诲，接受过他（她）们的指导和帮助。实际上，他（她）们传递给我的东西远甚于单纯的知识。他（她）们待人的真诚，对学问的执着，还有他（她）们的责任感和正直的人格，在我的生命中留下痕迹。

这次会议的主题是民法教学方法，这两天的学习给我的最大感受是，无论是葛云松老师还是金可可老师，所有课上完都能够感觉到老师们上课是像梁治平教授所说的，学生和老师之间一定是有一种联系，或者老师有奉献精神，这是很重要的事情。但有一个很明显的现象，老师们现在都比较忙，很多老师在暑假、寒假要忙于各种会议、学术探讨和科研事项，有时候我们在生活中观察到法律现象想跟老师沟通、交流，但这些交流往往有些时候停留在比较浅显的层面，没有达到我所想要的那样深刻和更深层次的交流。所以有没有可能，我们不要把那么多的压力放在课上，每天晚上安排一位老师在某一个教室里，假如大家有问题沟通交流，把简单的沟通交流打造成非官方机构的学术沙龙性质，在这样的沟通交流中同学们的学术造诣会不会有更大的提升，会不会增加学生跟老师之间的沟通与情谊？很多年之后回想起来，回忆的不是知识，而是沟通交流和学生与老师之间的情谊，这是否可能是更重要的。谢谢。

刘哲玮：随着信息化的发展，沟通起来很方便，过去与老师沟通要走过去敲敲门，很可能是没有人就败兴而归。现在有微信、短信、邮件沟通方式，较少通过面对面沟通或者给老师写书信的方式。科技进步有两面，带来便利也可能失掉传统的东西。我们现在就处在这个社会，时代在变化，对老师的要求也在变化，但我相信所有老师都不会排斥和同学的交流、沟通，无非可能是形式有些变化。你提的意见很好，北大要求每位老师每周两个小时在办公室跟同学进行交流，这样的制度也可以在其他有条件的学校推行。我相信在中国传统文化之下，师生感情不会因为科技发展而发生变化，无非是形式发生变化，内核不会有更本质的变化。

时间原因这个环节得结束了，最后有一个简短的闭幕环节。

最后一个环节由北京大学年轻的民法专业的贺剑老师对整个会议进行总结，这是北京大学法学院做的一次创举，即开展关于师资方面的教学研修，不知道这样的形式能否让所有的老师满意，但我觉得北京大学法学院有这样的义务和责任拿出我们的经验邀请全国优秀的同行一起来探讨教学的方法。我们邀请到了民法教学最优秀的老师，也请到了很多同学，不管是作为“工具人”还是作为教育产品的重要客户，我们邀请了一百多位民法同仁参加这样的活动，我想这样的活动是有其意义的，也希望这样的活动不会因为一天半后闭幕就结束了，我们现在有技术支持，相关的微信群、平台还会继续保留下去。下面有请贺剑老师对这一天半的活动做一个简短的小结。

贺剑：尊敬的各位老师、同学大家好，我是贺剑，非常感谢学院领导和专业老师信任，将师生培训总结的重任托付给我。本次会议开始之前的那天晚上，民商法专业掌门人刘凯湘老师跟本次会议总设计师、学院副院长车浩老师有一段对话，大意是这次会议办得非常好。我对刘凯湘老师的未卜先知深感敬佩。当然这次会议办得好不好，最终还是在座各位老师和同学说了算。

短短一天半的时间，会议内容丰富，日程紧凑，大家边吃盒饭边听讲座，不管培训办得好不好，我建议大家首先为自己坚持到最后而热烈地鼓掌。刚才几位老师讲到本次会议的时机控制和会议上忙前忙后的状态，一天半时间的培训不是严格意义上的培训，没有办法给各位老师、学员提供全方位成体系的知识、技能、经验或者教学，这也不是北京大学法学院给大家做的一次培训，北京大学法学院只是提供一个平台，北大的校内外嘉宾尤其是北大之外各位民商法专业的9位嘉宾才是这次培训的主角和最大的贡献者。因此，我再次建议大家为在座和因故没有在座的各位嘉宾热烈地鼓掌，表示感谢。我们觉得这次是“华山论坛”，但我个人觉得是民法教学的“博览会”，主题就是“民法教学”，各位嘉宾提供展品，各位老师和同学决定是否采购，尤其是在座后排的各位老师决定是否采用这样的教学方法。产品不多，就案例课和基础课两类，细说的话是三个环节三类产品，我简单给大家做一下总结：

第一类产品是传统的基础课或者讲授课。我们看到孙鹏老师激情澎湃兼异彩纷呈的演讲式展示，像一部好莱坞大片，在座各位听着很享受。朱庆育老师的演示像一部德国电影，你必须全神贯注，不然就迷失在他强大逻辑的“汪洋大海”里。两位老师代表着纯粹传统或者纯粹讲授课的两种风格巅峰。但我有一个小小的疑问，既然已经有两位老师以及其他老师的授课，如刘凯湘老师的课非常精彩，还有其他类似演讲、讲授技艺高超的老师的授课，只要把他们的课做成百家讲坛，我们还要讲什么？作为民法教师，一方面固然要提高自己的基础课能力，另一方面不管是作为领导层还是作为任课教师都要思考，在慕课等网络教育发达的时代，纯粹意义上的授课价值有多大。

第二类产品是基于疑惑所做的基础课变形，即茅少伟老师和方斯远老师在传统教授课基础上融入了互动，课程互动不可替代。方斯远老师更多的是一种课外互动，给学生额外布置作业，不辞辛劳地修改，给学生机会不停推荐，为学生呕心沥血，非常可贵。茅少伟老师更多代表了互动式大班教学的理想类型，他的课是引导式的，面对追问打破砂锅问到底。大班教学很有特色，不仅仅是用了大量生动案例，而且是因为案例的运用方式，包含案例的大班教学不外乎两种，一种是以法律为主线索，先讲法条再讲案例，先讲违法性要件是存在与欺诈，然后再讲疑难案例。比如王泽鉴老师的《民法总则》或者其他民法教材都会有导入的案例，其后会有系统的论述。另一种是以案例为主线索，不直接提出法律规定，先讲现实生活情况，不停地制造冲突、疑惑，最后做小结的时候再说法条规定。方式如何，见仁见智。

但我个人觉得,从效果来讲少伟的方式(美国法学院普遍的教学方法)可能更具有戏剧性。大家想一想,老师讲课先不断铺垫案例,制造冲突、张力,最后用法律解决问题,豁然开朗,记忆深刻,这样“抖包袱”过程更符合教学规律。

第三类产品是这次的“拳头”产品,案例课或者是案例研习课,金可可老师和葛云松老师分别生动展示了如何展开案例课。大概来讲有以下共性供在座各位老师参考。例如,在课程设置方面固定了三块:要有课前案例、作业或者报告;有助教课上讨论以及老师讲授,同学的报告和老师的点评;尊重鉴定式和请求权的方法。当然两位老师在讲解环节各有特色,金老师是非常古典、正式的、德国式的传统风格,讲课丝丝入扣。葛云松老师是大班互动教学的讲解,通过不停地追问,最后让你脑洞大开。两位老师各有特色,完全能看出各自的风格。张家勇老师、朱晓喆老师、李昊老师,也包括金老师、葛老师案例课讲授之后的自由讨论,给我们更多地讲授了案例研习台前幕后的故事,总体来看达成了良好的共识,也道出很多困惑和困难。最大的共识是案例研习课真的非常有用,但案例研习课开设是最近十年的事情,有偶然也有必然,供给是偶然性的过程。为什么葛老师会在 2012 年春天正式开设民法案例的课程,之后有更多老师跟进,到现在普遍形成一个潮流。问世界法为何物,真的是在于案例研习。老师讲了很多困难和疑惑,我的总结有以下五点:

一是课时不够,是单独开辟一个项目额外增设一个课程,还是像早期老师探索那样额外地奉献,给学生“开小灶”。

二是负担太重,包括作业如何批改。

三是工作折抵,助教博士生毕业的 C 刊要求通过助教工作来折抵,或者教学方面案例研习课程 1 个课时是否可以抵其他课程 2 个课时或者 5 个课时。

四是案例研习形式和实质的平衡,形式方面是鉴定式方法,实质方面是如何平衡法律研究的能力和法律解释的技艺,赋予多大的比重,以何者为中心。我自己几年来跟随葛云松老师从事案例研习的教学体会是学生得经过三个阶段:第一个阶段是基础方法,包括体系和相应的概念、知识,这相当于民法研习的招式，一定得记住，不然就成了野路子。第二个阶段是民法研习的内功，如法律解释、法律检索，正常的是以这两点为目标。第三个阶段也很重要，学生走出法学院得适度忘掉鉴定式方法、请求权基础方法，绝大多数情况是不会需要用请求权基础的方法来写某个东西，但是请求权基础方法依然会让你收受益终身，因为它是一种思维，而不是套路、模板。

五是昨天吴从周老师讲的台湾大学法学院普遍推行判例裁判形式的判决，也就是"天龙八部"的经典形式，不是以待解决的案例作为研究对象，而是以现成的裁判文书作为研究对象，这是否有可能将来也适度融入我们的案例研习课程。当然其他的挑战也很多。

最后我想回到昨天潘剑锋院长在开幕致辞中给大家抛出的问题，即中国法学教育是怎么样的。我没有调查，也没有确实的答案，但是看到在座各位老师和民法学界的青年才俊，我大概且确信地知道中国未来民法学教育应该是充满希望的，会越来越好，我们一起努力，谢谢大家。

刘哲玮：谢谢贺剑老师非常精彩的总结，在非常短的时间内把这几天课程进行非常完善的概括，也提出了未来的希望。谢谢大家！

晚间学术论坛｜“民法典时代”的中国民法学

主持人：刘凯湘教授（北京大学法学院）
　　　　薛　军教授（北京大学法学院）
与谈人：杨立新教授（中国人民大学法学院）
　　　　崔建远教授（清华大学法学院）
　　　　钱明星教授（北京大学法学院）
　　　　李永军教授（中国政法大学）
　　　　朱庆育教授（南京大学法学院）
　　　　金可可教授（华东政法大学）

晚间学术论坛是首届全国法学教育师资研修班的特别环节，由刘凯湘教授、薛军教授担任主持，邀请杨立新教授、崔建远教授、钱明星教授、李永军教授、朱庆育教授、金可可教授深度参与。其间，主持人和与谈嘉宾围绕“民法典时代的中国民法学”这一主题，展开了精彩纷呈、鞭辟入里的研讨与预测，为在场的老师和学生，以及通过网络直播观看会议的各界人士，奉献了一场饱含真知灼见的思想盛宴。

刘凯湘：各位老师、各位同学，晚上好！晚上的沙龙“民法典时代的中国民法学”，由我跟薛军副院长主持，邀请多位教授参与研讨。这与平常的理论学术会议有所不同，我们最后落脚到民法学，更多是从法教义学角度出发，跟整个研修班主题——法学教育相关，不是纯粹的学术研讨，但毫无疑问跟学术有关，离不开学术。所以沙龙是以民法学为主题，结合民法学说理论尤其是《民法典》编纂的过程。不出意外，我们以后会有《民法典》，在这样的背景之下，我们民法学如何教学、法学院如何教学，这是最大的主题。

台上的 8 位老师中，杨立新老师、崔建远老师、李永军老师、钱明星老师包括我,江老师、魏老师是我们的老师辈,其中有一些老师已经作古,为中国改革开放后的民法学奠定了非常好的基础。我们属于夹在中间的承上启下的一代,然后就是中生代,像朱庆育、可可,很快就会产生第四代人,在座很多参加工作不久的老师或者博士生会很快成长起来。所以从法学教育角度,民法学自改革开放以来也经历了40余年。我们是怎样变迁的,我们谈谈我们上学的时候是怎么接受民法教育的,包括老师是怎么教我们学生的;中生代的青年才俊又是怎么接受民法教育的,怎么形成自己的民法思维、民法逻辑,如何看待中国的民法教育以及整个民事立法、民事司法活动。所以我们以法学教育尤其是民法教育为主题,结合民法典、民法理论学说进行自由漫谈式的沙龙。整场沙龙的时间是2小时,7位教授每人提供10—12分钟,7个人第一轮控制在一个半小时内,之后是互动时间,还留点商榷的时间。沙龙漫谈遵循完全的意思自治,从学术角度而言都是允许的。

我就做这样一个开场白,接下来交给薛军。

薛军:刘凯湘老师简单提及了沙龙主题,但我要交代一下,沙龙题目是我取的,车浩老师跟我商量全国各地来了很多好老师,还有北京的学者,利用这个机会谈一下《民法典》编纂对教学研究有什么影响,所以定了这样的题目。今天非常高兴见到这么多资深学者。我想问一下杨立新老师,我们正在做《民法典》编纂,杨立新老师是积极推动者,我们现在进入"民法典时代",《民法典》对我们究竟有什么影响和意义,没有进入《民法典》编纂之前是什么样,对目前《民法典》编纂情况满意吗?

杨立新:谢谢让我发言,薛军老师提的这个问题角度比较刁钻,其实一开始,我对制定《民法典》没有抱太大希望,现在跟我想象的差不多,我没有觉得特别幸福和特别沮丧,好像就应该是这样的。现在有些人对《民法典》很失望,有些人觉得挺好的,最近20天我一条一条地过《民法典》,从自己学习和研究的角度一条一条地过,看完以后觉得大体上还凑合,不比原来期望得太高,也不比原来期望得太低。明年3月走到"民法典时代",民法学人有4项工作是必须要做的,是和民法教学研究有关系的:

第一,必须有新的教材,《民法典》新增加了"人格权编",应该有人格权法的教材。这是第一项工作,我们还没有很完整、很权威的人格权法的教材，这是应该要做的。

第二，应该把其他民法教材进行修订，原来干的活越多，现在承担的担子越重，这一项是我们最重要的工作，不能说明年3月《民法典》出来以后，民法教材一年以后才出新版，这肯定是不行的，教材更新要跟上。

第三，民法典新条文、新制度要进行阐释。前两天我自己把《民法典》各编1260条过了一遍。在1200多个条文当中，我整理了一下，大概应该有将近一半的条文都有新的规则，这500多个条文当中有些是全新的条款，是以前立法中从来没有的；有些是以前有过但现在进行修改的，如物权法“添附”三种制度，现在只写1个条文。这部分不仅要在我们的教科书中体现出来，更重要的是应该把条文规定的新规则、新原理阐释出来。有些东西可能还需要进行争论，逐渐统一思想，认识这些新规则到底怎么解释才是最正确的。就像我们做评注时，新的条文、新的规则是特别要注意的。这是第三方面的工作。

第四，在新《民法典》整体的法律制度下，怎么能够把民法学体系构建好。民法学要跟《民法典》相适应，它产生的理论基础、适用的价值，以及存在的问题，怎么容许改正，这些问题也是摆在我们面前非常重要的任务。

我想这四个任务不是一天半天能够完成的，是一个起码在5年、10年左右时间完成的，但第一步是把最需要解决的问题解决好。我经常这么说，如果从中华民族的民法典的角度来说，这是中华民族的第二部民法典，第一部是20世纪30年代国民政府时期的民法典，现在我国台湾地区还在用，这是第二部民法典，两部民法典之间有传承关系、有借鉴关系、也有不同的地方。我们在构建民法学体系的时候也要注重这些问题的比较，还要进行横向比较，和德国、法国、意大利的民法典去比较，再看我们好的地方在哪里、不足在哪里。把可能出现的不足之处提前研究好，做好应对的对策。

薛军：非常感谢杨老师，我继续“点名”。我想把问题给到我们尊敬的崔建远老师，大家知道他非常勤奋，是非常杰出的学者，在座很多年轻学者特别希望能够从崔老师这得到学术上的指点。如果可以，我想问崔老师这样的问题，毕竟我们现在进入了“民法典时代”，所有民法学者或者学术研究者在研究方法、思路、问题意识等方面，会不会有一些根本性变化，《民法典》制定对于我们学术研究者来讲会提出哪些问题,或者崔老师给我们提出哪些好的建议,让我们在"民法典时代"真正把握住学术问题,做出真正有意义的学术成果,我们有请崔老师。

崔建远:各位好,我特意问了一下这个题目的意思,因为未制定《民法典》、制定过程中和编纂完成后的影响,无论是在研究还是在教学当中都有差异,假定编纂完成了,工作的中心就得转到解释论。德国民法教义学认为,这个时候法律无论制定成功还是尚存缺陷,教义学都要尊重它,不能视其如粪土,这样不合适。其缺陷可以通过阐释,用法教义学的规则和方法把它消除,让它变成一个相对完美的规则。如果不这样,在《民法典》编纂完成前,脑海中理想的法律更多地出现在你的作品、生活内容中,这时候随心所欲的空间很大。一个老师如果因为后者更容易,因而面对着知识储备不是很充分的学生表现出这个是你的看法、那个是你的看法,已有的规定这个不怎么样、那个很糟糕,学生觉得你很有学问。其实,如果真正地显示出功底,真正地以一个审判员、仲裁员的理念思维去操作,你不能在判决主项里写"崔建远认为,第一你应该赔一万块钱",得依据某一法律规定的第几条第几款并严格遵循,它的不足甚至漏洞通过应用各种教义学方法将其变得相对完美,这才显示出老师的功力。因为任务不一样,所以以后我们在课堂上不能动辄把中国的法律贬得一无是处,值得肯定之处我们要肯定,并发扬光大;值得完善的内容要通过学说、判决甚至修改法律将其完善。这有很多的不同。

在研究方面,多年来我可能受当学生时的影响和中庸之道的影响,我一直不赞成两个极端,一个极端是认为我们的法律规定特别优秀,他人的不值得重视。我们有没有优秀的,我觉得有,比如,《合同法》第 54、55 条在重大误解、欺诈方面保护得就特别好,在这种情况下维持交易对一方不公正,但如果彻底否定合同效力,他们再从事这个交易的成本很高,双方在原先的基础上调整一下,比如,价格变一变、履行期变一变,甚至地点、包装方式变一变,这就能很好地解决。当然我们也有不太理想的,比如,"重大误解"的规定问题就很多,有问题时硬说没有问题,这也不好。再如,《担保法》把审批作为合同的生效要件,把登记作为抵押合同的生效要件,这是不完美的,不能硬说它好。所以,优秀的我们应该坚持,不足的应该改进。

国外的规定也是如此,国外不一定什么都是最理想的,我总是感叹当年《民法通则》第92条关于不当得利的规定,就没有完全继受"法律上的原因",我们就用了一个"合法根据"。这一条款的优点是在一个合同文本里约定了相对复杂的关系。如果按照德国给付不当得利的规定,两个给付之间就不应该直接采用不当得利。但这么多规定在一个文本里出现,文本所有约定都约束到各方,尽管这一方和另一方不是紧密给付的两方,但是引入不当得利处理就特别合适,涉及交易的税款怎么处理。有一次我到德国请教他们这样采用不当得利是否可行,因为按照德国理论就不行。这显示出我们的灵活性,德国人一方面在抗辩问题上特别严谨,但另一方面每个案子都如此又等于束缚了自己。所以对于国外的规定不能完全地搬过来,对于什么时候能搬、什么时候不能搬,我个人的初步感觉是,在德国体系里是自洽的、和谐的内容,把它们不分青红皂白拿到中国适用未必是特别合适的。比如,债权法上的债权平等,所有债权人的措施,按照债权履行期限来行使。《合同法解释(一)》就代位权规定,清偿直接由债权人来受领。如果不这样绝对划一,而是分类型规定,当存在抵销要件时直接让债权人通过抵销解决问题,则既保证了债权人不浪费那么多精力和财力,又把民法的规定沿用下来。否则,其他人提起诉讼,凭什么不管其他人而将清偿划在债权人一方。其实通过分门别类地解决,你担心的问题基本能够克服,希望得到的结果也能得到,还完善了民法体系自身。另外,是否需要考虑程序法平等,申请查封扣押时,对于未申请的,是否也要区分未申请的究竟是否在行使权利,只不过他没有申请查封扣押,这也要区分情况可能会更好。所以我跟刘专委聊,他有一段话我觉得很有道理,我交了全部房款或者绝大部分房款,占有了强制执行的房子,合同是有效的,唯一差的是没有过户登记,出卖人抵押不解押当然不能过户到我这儿,这里面就涉及一些问题:是不是所有的情况都这样对待,还是区分消费者,这里不是民法的价值观,而是基于社会方面的考量,即保护消费者。是不是商业公司就没必要给予如此强度的保护?还是我们再往深里想,执行的是被执行人财产,但有充分确凿的证据证明现在申请的执行,表面上是被执行人的,但实质上不是。如果是动产的情况,我花了所有的钱,这个东西是我的,只不过没有直接到我手里,但我拿出证据,你还说你不信反而执行了,可以这样吗?再进一步讲,这到底是外观主义还是实质主义的问题,公信力是不是适用于所有的法律关系,我一直认为不是这样的。《物权法》的规定适用于这些关系,不适用于哪些关系?比如我和太太的房子发生争议,不能拿着房产证登记簿看写了谁的名字。法律关系适用是不一样的,我们应该全面地、准确地把握。

薛军:非常感谢,我们要重视《民法典》,在中国现行法基础上充分发挥法解释论的技艺、技巧。借着这个问题我问一下李永军老师,中国民法学一定程度上的发展路径是这样的:先是引入我国台湾地区的学说,再是参考日本的学说,现在很多学者通过欧洲的民法学来学习构建中国的民法学。从欧洲的情况来看,民法典会导致整个国家的研究或者知识收敛,使大家只知道本国民法典,不知道其外的民法典。进入"民法典时代"之后,您认为应该如何对待域外的知识来源,在保持民法典知识的开放性方面有没有很好的见解,给我们分享一下。

李永军:谢谢薛军教授提出这么好的问题,以上杨立新老师讲的内容我非常同意,我从民法学的发展、演变,包括中国民法学的未来谈一下看法。陈自强教授有一个著名的论断:一个学科最可怕的是什么?可怕的是法典里罗列德国制度是这样,法国制度是那样,英国制度是那样,整个法典里会出现世界性的"大杂烩",我们就处在这样的时代。按照自己的逻辑去生活就会很精彩,看到周围人生活,走路借鉴张三,弯腰借鉴李四,其他借鉴王五,这个人就很奇怪。

我们很多制度都与此有关,德国主张登记是生效要件,法国主张登记是对抗要件,日本也这样。这个制度之所以如此跟历史有关系,日本没有规定登记制度,不敢规定德国那样的登记生效制度,只能规定法国的登记法。法国是工业社会国家,与德国不同,法国法是市民法,那么德国法是农民法,德国对土地制度保护特别完善,更多是从土地不动产安全来保护不动产所有利益,所以土地制度很发达。我们参考的内容不一样,有的将登记规定为对抗要件,有的规定为生效要件,这很奇怪。

我们作为老师,我觉得公示制度很难讲,什么叫公示,是公示物权的享有还是公示物权的变动？在《法国民法典》上，我拿着这个东西，但合同签完之后发生了所有权转移，那么交付、公示是什么？既不公示所有也不公示债务，什么效力都没有了。我们教科书讲公示的时候，把登记对抗放在一块，这是很有问题的。我签了一个买卖合同，合同生效的时候发生所有权转移，那么登记对抗的是什么，登记的效力是什么？法国不是我们讲的这样，法国有公证制度，公证很发达，跟德国法的实际操作根本没有区别。我们没有把这套制度拿过来，会发现讲课很困难。

现在我们的《民法典》颁布，没有统一的债法制度，怎么跟学生们讲债的部分，甚至侵权编是作为保护权利的手段被规定的，从这个逻辑来讲好像也成立，前面规定所有权、物权、债权、继承权等，最后规定侵权，实际上你会发现这种方式把侵权从债权中分离出去了。但别忘了，在中国民商合一制度之下有很多特别法保护，侵权可以保护吗？另外，合同部分，仔细看合同制度会发现很奇怪，既有法律行为又有合同制度，我真不知道大家讲课怎么讲这个问题且法律行为中的意思表示没有意思。比如，出现一个双方法律行为，要约和承诺在哪里讲？当然在双方法律行为部分讲，双方法律行为所有东西应该放在那儿讲，但现在不是这样，要约和承诺在合同里讲，那么离婚协议的要约和承诺从哪儿来，规则在哪里？《德国民法典》一定是在法律行为下讲合同，所以民法典是一个很艰难的问题，如何让自己懂、如何让学生懂是相当困难的。

比如，所有权、动产所有权和占有的关系到底是什么，我们有多少法律规定能够证明动产所有权，我国关于占有的法律规定只有几条，而德国的物权法用几十条规定占有，为什么这样，因为动产主要是占有来保护。我们关于占有的规定很麻烦，比如动产转移占有是否有意思表示，怎么转移占有，如何转移占有？当提到占有保护的时候，中国政法大学吴香香博士写的文章很好，我跟她讨论过，在我们关于占有的法律规定上，认为占有没有请求权是找不出根据的。所以在未来的《民法典》中，如何把请求权基础讲得非常利索，这对教学来讲是非常艰难的任务。如果教的学生只知道什么是所有权、动产、不动产、地役权，用的时候却找不到请求权基础，这样的教学有什么用呢？我们的请求权制度很不完善，虽然有民法典体系结构，但民法学的教学任务相当重。朱庆育老师写评注，我对其肃然起敬，在中国的教育环境下写评注真的是了不起的事情。法律解释非常重要，在德国如果一个教授没有写过法律评注就不算教授，中国的成文法很好，但没有像样的评注，未来的路很艰难。可可教授的东西我仔细看了，我很赞同教义学的分析方式，我们讲《民法总则》第10条的法源，讲请求权的基础，比如，我到商场买了一台热水器，热水器质量有问题，或者烫伤了购买者，这样的简单问题，也要分析请求权基础。我们的法律说到底很简单，不管是教学还是办案，请求权有很多种，比如，根据合同提出索赔，先判断买卖合同是否成立，是否有请求权基础，购买者可以请求，若购买者的弟弟去他家做客使用热水器受伤了，则其弟可以请求吗，答案是不能请求。但德国有专门规定，附保护第三人契约，中国没有这一规定，走不通这条路，走侵权和产品责任，可成立侵权吗？这些问题的难度在哪里？难度在于一个本科生刚进校，还没学过侵权，你要给他讲请求权基础对他来说是“天书”。因此，作为老师来讲，如何给学生从解释学角度讲民法学，真是非常艰难的事情，谢谢。

薛军：感谢李永军老师的发言，我发现李老师已经向朱庆育老师提出了问题，中国的民法体系以及剧烈的解释论上的分歧，中国物权行为理论争论多少年都没有结果，不清楚侵权法究竟是法国模式还是德国模式，这让人感觉很悲哀。但正如刚才他所讲的，朱庆育老师推动做一些法律评注，在中国，这种工作是推动法学的一种通识或者法学共同见解的形成，法学通识、共同见解对一个国家的法律适用特别重要，我想请朱庆育老师讲讲你为什么那么乐观；对于剧烈的解释论上的分歧，你觉得在《民法典》制定以后我们能够在多长时间内慢慢弥合“前法典时代”的理论分歧，从而走向法学的通识，你对这个问题怎么看？谢谢。

朱庆育：谢谢薛军老师的提问，每个问题都很尖锐，我其实一点都不乐观，评注这件事情不是我一个人在做，有很多人在做，能到什么地步我一点都没谱，做一点是一点。“后法典时期”或者“民法典时期”，我们的民法评注应该成为一个组成部分，但不是全部。通说形成也好、判例统一也好，需要很多方面的考虑，其统一其实是整个中国学术界各方面的合力，包括教科书、法院裁判文书、学者写的各类学术文章。所以回到这个题目，“民法典时期”中国的民法学说准备好了吗？或者我们应该怎么样？我一直在问自己，《民法典》出台之后要做什么，对之前的研究有什么改变，我心里一直都没谱，我不知道会有什么样的变化，其实就是没有准备好。在某种程度上我开始怀念2017—2020年的这段时期，这段时期非常特殊，也是举世无双的时期。因为对于1个问题有3个规则同时规范，即《民法通则》《合同法》《民法总则》，包括上午讲到的限制行为能力问题，《民法通则》、《合同法》和《民法总则》规定得不一样，这特别检验我们的能力。这个时期快要过去了，但还没有过去我就开始怀念了，有了《民法典》以后，我们的研究教学包括各种学术活动会不会有变化。我个人感觉，可能要进行区分，大体可以分几种类型，看它受影响的可能性。

基础研究部分，我想不会受到太大影响，或者某种程度上不应该受到影响。《民法典》代表一个国家或者一个民族的高峰，国家天然地需要制定《民法典》，因为需要体系化，体系化后就有了《民法典》，有了《民法典》就是立法的高峰。《德国民法典》代表了德国的最高成就，可能是世界那个时期的最高成就。但《德国民法典》刚通过的时候有人开始表示忧虑，担心会形成一种法典的牢笼效应。很不幸这个预言成为现实，因为有了民法典，以后所有学者研究都以法典为基础，不再往前追溯，罗马法没有人援引了，都是直接援引民法典作为研究的出发点，所以对基础理论的研究大大削弱了。大大削弱的一个后果是德国民法学术走向下坡路，学者被困在法典里，所以这是一个“牢笼效应”。如果这部分德国学者的观察是对的，或者对我们来说有参考意义，个人感觉即使我们明年《民法典》出来了，基础理论研究最好不要受到影响，该怎么样谈基础理论还怎样谈基础理论，而且我们的基础理论研究的程度可能还达不到当初《德国民法典》的那种程度。所以我个人感觉，“民法典时代”的民法学术基础理论该怎么走还应该继续往下走。但这一部分可能会越来越少，这是必然的，有了法典以后，大量法律人的工作会转向注释法典，这是理所当然的事情，因为我们要适应法典，摆在我们面前的有体系化法典，大量工作会转向解释论，这我是不担心的，但杨老师、崔老师面临大量更新教科书的工作，这其实可以说代表着学术的更新。但更新的方向是什么，对法律解释有没有新的方法论或者新的基础理论更新需要时间观察,更新以后教科书的水准是上升还是下降了其实也是需要观察的,有了《民法典》以后会有新的教科书,教科书的写法需要探索,应该怎样写一部好的教科书。

关于做评注,我们有了法典以后迟早会走向这一步,就像我们的制定法迟早会统一化一样,我们的学说迟早会走向共说,因为我们的法律共同体一定要形成,一定要有共同的思考模式和思维,我们的对话要变得越来越有效率、准确,不能你说的意思表示和我说的意思表示是两种意思,这样法律人之间对话是低效的,而且错误百出,所以一定要走出这一步。司法裁判要统一,因为我们有一部统一的法律,用什么方式把这些统一起来,法官、律师、学者在各自领域内会努力,把这些统一起来功能会很强大,恰恰因为功能很强大所以非常难。有一大堆工作要处理,我是跟着老师们脚步走,走一步是一步,我就先说到这里,谢谢。

薛军:感谢。《民法典》包括中国民法体系制度建构过程中,特别是在《物权法》领域的很多制度是适应当下某个阶段改革的需要,如为了解决养老的居住权,这样的制度进入中国《民法典》,我还是期待《民法典》能够垂范久远。现在回过头来看《民法典》中间有很多异己的东西,钱老师研究《民法典》时间比较长,我想可以给大家分享一些看法,谢谢。

钱明星:谢谢薛军老师。的确,这部《民法典》对我们这代民法学人来说真的是喜大于悲,我们刚刚开始从事民法典研究的时候,中国处于要不要民法典的争议中。《民法典》的编纂,说明了与社会市场经济体系相适应的民事法律活动已经基本得到确定。

薛军老师提到变革问题,我就在想,这几十年我们的社会一直处于变革过程中,变革过程也是社会与市场经济体制逐步得到确定的过程,从法律人的角度观察来看,是一个社会人(包括自然人、法人)的权利逐步得到扩张、确认的过程。也就是说,在这个过程当中,人才真正活成了一个人。在座的杨立新老师、崔建远老师、刘凯湘老师都是从计划经济体制时代过来的人,走到今天要感谢中国的改革开放带来的繁荣。《民法典》的编纂正是对改革开放成果最大的确认。从这个角度上来讲,我同意刚才崔建远老师、朱庆育老师的观点,今后从民法学研究和民法学教学来讲,要从解释学、法教义学角度来研究民法、解释民法。

此外,有了一部法典,我们要更强调法律的基本价值观和核心的价值观点。一个法治国家如果没有民主、自由等基本内核,仅仅是对社会上的成员都有规范的要求,那么我们国家秦朝时代早已是法治国家了。民法也是这样的,民法有一些具体规则,这些规则体现了平等、自愿、诚实信用等民法价值。因此,在我们以后的教学当中,除了让学生了解法律的含义,懂得去应用这个法律,还要培养学生的基本民法观念。这方面我说三个问题。

第一,要注意我们的《民法典》与中国传统法律文化之间的关系。中国传统法律文化确实有很多需要我们借鉴的东西,只有借鉴了这些东西,我们的法律才能够接地气,才能够与社会发展相契合,法律才能更有效地发挥更大的作用。这是我们民法人要经常给大家宣传和灌输的。

第二,我们给大家讲民法的时候要清除苏联民法的影响。这个问题在座很多年轻学者体会不到,我们翻开的《民法典》,无论是体例、用途、制度上处处可以看到《苏联民法典》的影子。虽然我们不提及,但其对我们国家《民法典》的影响是非常重大的。比如国有企业经营管理权的问题,我们这些年改革开放,城市改革开放的核心是搞活大企业,赋予企业以经营自主管理权,这是中国企业有了一定活力、国有企业财产有一定积累、整个国家经济发展到今天的重要原因之一。

还有私力救济,前一段时间刑法上讨论正当防卫,在民法上呢?从苏联开始,私力救济问题一直是不愿意谈的。苏联学者认为在社会主义国家,政府和百姓之间没有对抗性的矛盾,政府可以为大家提供及时、充分的救济,也不需要私力救济。到今天我们看需不需要这种私力救济,刑法上的正当防卫得到了充分认识,在民法上私力救济(自力救济)的问题是不是应当重视起来,让其成为我们私权救济的一种方式。这些问题都是我们以后需要讨论的。

第三,对于西方民法的参考问题。我认为中国民法对西方民法的参考是有必要的,但我认为西方民法早期的传统民法可能对我们国家的民法典理论建立或者民法典的完善更有参考意义。因为现代西方国家的民法理论还有民法规范较之前已经发生了很大变化,但这种做法不适合我们国家的国情,我们的民法还是要坚持民法是发展之保障的法律基本定位。薛军老师问怎么样协调,我想协调的问题最主要是观念问题。我就说这么多,谢谢大家。

薛军:非常感谢明星教授的回答,他其实没有回答我的问题,但做了认真的思考,回答得更加精彩,关注了民法里面的政治性维度,这是非常可贵的思考。钱明星老师也提到西方民法,我想问一下我的好朋友金可可教授,我们很多学者、学生会去国外留学,去国外读民法,现在有中国的《民法典》,我想问你给他们什么建议,到国外学什么,把国外的什么知识带回来?我们自己有了《民法典》,从国外拿到的东西怎么为我们所用?我想这部分金可可教授有他的思考和建议。

金可可:谢谢薛军的尖锐问题,他对我充分了解,提的问题很有针对性。《民法典》跟民法学的关系不是特别大,一是《民法典》制定过程中学术发挥的影响力比较弱,各位参与的老师更有体会;二是《民法典》制定之后该怎么做研究就怎么做研究,或称赞或通过解释论修正,修正不了就改,讲立法论。就这几个路径,影响不大。其实民法学研究不会因为《民法典》的出现而改变方向,很多原理全世界是相通的,这些我们还可以去国外学,学了技术构造之后针对中国国情再利用它,这并不矛盾。

《民法典》出台对民法学界肯定有很大影响,第一,法条与法条之间的关联、体系性会以更高关联的方式体现出来,体现出来的张力更大,大家会投入更多精力。第二,以前婚姻法学界对于其是否属于民法是有争议的,现在是没有任何争议的,《民法典》中亲属法毫无争议地回归民法。第三,我非常好奇,本科生都会拿一本法规汇编,《民法典》通过以后法规汇编怎么编是一个技术性问题,难道整个《民法典》在前面,后面附司法解释等有关规定,还是《民法典》一编讲完了再讲司法解释和有关规定。其他没有什么,向各位老师学习。

薛军:感谢。其实金可可老师认为我们即使进入"民法典时代",也不要落入朱庆育老师提到的民法典牢笼之中,不要故步自封,我们还是要相信有很多值得我们参考的民法学思想和实践,我想这应该是能做到的。我要问刘凯湘老师一个问题,《民法典》出来很多人想"搭便车",商法很积极，知识产权界也想入典，《民法典》现在编纂出来了，我们怎么看待商法学界？

刘凯湘：薛军针对每个老师提出了非常具有针对性而且很尖锐的问题。刚才6位教授谈了一些问题，各自观点比较清晰。其实薛军通过对6个人提问题，把自己的观点也亮出来了，甚至是自己的结论。总结刚才6位教授的问题，恐怕我们有几个问题要思考：

第一，如果没有意外，半年左右我们就会有中国的《民法典》，是否有《民法典》对教学，包括对写文章、写教材，都会产生很多影响。《民法典》的理念、概念、体系、知识一下子冒出来，2020年3月一下子有了知识体系、规则体系吗？当然不是这样的，这是40多年来慢慢积累起来的。所以我想说的第一个意思是，《民法典》颁布以后，我们不能认为中国的民法体系、民法逻辑、民法规则是一天突然形成的，这不可能，这种知识是40年来形成的，追溯至民国时期，追溯至德国、法国、日本的法律规定，追溯至罗马法，是几千年形成起来的，不是一天生成的。因此，如果《民法典》颁布不仅不能促进中国民法，反而成为一个牢笼，成为束缚民法学说发展的障碍，那就真的是一个悲哀，我们不能赋予《民法典》这样的地位，不能好像重建或者新建了整个中国民法典体系。

第二，《民法典》毕竟是法典，是民法人追求的最高表现形态，不可低估其价值。维护《民法典》的权威要像维护《民法通则》的权威一样。总之，我们以后讲民法肯定是以《民法典》为主的，以它为导入、为线索的。法官进行法律适用、判决不同民事案件时，他会拿着《民法典》。我们的法科学生大部分做律师、法官，他们依据的就是这部法典，所以肯定以这套法典为中心。所以，民法的逻辑、理论体系、基本原则等，不能不考虑《民法典》。但同时我们有很多新规则，我们得按照它来。所以第二个问题，也就是可可说到的，我们作为民法学者肯定会对《民法典》评价，从编到章到节到具体条文肯定会讲解给学生，当然见仁见智，对这个怎么理解，有人说非常好，有人说一般，有人说应该改，这都会出现，但很正常。从原则上讲，有了《民法典》以后我们会慢慢进入梳理过去的阶段，包括大量的司法解释、单行法甚至商法的问题。《民法总则》的基本原则、理念都得到了认可，诚实信用、公平、平等、公序良俗都没有变化,当然加了一些东西,也不是很坏的东西。更大的变化是规则层面,有些规则折射出治国的理念、法律的理念,我们通过解释论,让它朝着更理性、更符合权利保护的理念方向去做。

至于具体的规则层面怎么适用、怎么理解是技术层面的问题,在我看来是很好解决的问题,包括立法选择问题。比如崔建远教授所谈到的,我们很多的观点有99%是相同的。当然也有不同的地方,君子和而不同。比如,《民法总则》只规定可撤销,没有可变更,对此我是强烈反对的,但是有些观点不一样。代位权规则到底错在什么地方,最重要的是破坏了债权的平等性,所以《合同法解释(一)》取消了这个规则,我们自己认为这一条到现在也没有太大问题,这些可以见仁见智,从范围上做一些限缩之类的解释都有可能。所以我们以后讲民法课的时候,从规则层面怎么样更符合民法基本原则理念。这是第二个问题,我们以后的教学肯定会以《民法典》为主,理念、价值之外,规则解释更为重要,这是法律适用问题。

第三,简单回答一下薛军的问题,其实商法学界这些年一直在呼吁,也想编纂商法典或者编纂商事通则、商法通则。商法典是否有《民法典》这样的命运或者运气,不能排除。当然我们说民商合一,但除了合同,票据、证券哪个放在《民法典》里?商法规则可能是《民法典》以外的,公司法、票据法、担保法作为民事特别法,但很多民法的内容对商法并不适用,恐怕商法上的基本法更好一些。我反复强调民法、商法都是私法,为了私人利益,为民商事主体的权益,为了人民的福祉、人民的自由,这是它们终极的统一价值追求,所以是私法二元结构。回答薛军的问题,我们是像做《民法典》梦一样做着商法梦,我们有"商法典圆桌论坛",至于什么时候有商法典没有关系,梦做长一点没有关系。谢谢。

薛军:感谢,讲得非常好。这一轮到此结束。

刘凯湘:你们几位有没有补充或者回应?

崔建远:我参加了一些会,没有把其中草拟的商法方面的条文废掉,还找了院里的老师,说你们是不是赶紧动起来,将其在《民法总则》里面表现出来。但没想到商法老师说,《民法典》越不涉及商法越好,这是为什么以后另起。这固然好,根据我这些年教学研究尤其是实务方面的经验,《合同法》第41条的效果非常不理想，没有把商法的特点给反映出来。如果商事更贯彻效率、便捷等原则，民事更注重安全、妥当有可能更好。但问题在于，刘凯湘教授说这个梦有长有短，若一直不醒，商法典就没有，而《民法典》又欠缺商法的规则，这个梦是不仅仅是我们学者的，而是全国人民、中华民族的。所以我们两手准备，一方面强调务实，另一方面强调理想。

刘凯湘：民法学者尤其是纯民法学者像你这样理解、体谅、支持商法的，我们是非常感谢的。但就像你所说的，单行法很多修改，怎么体现商法特色，我们确实一直在努力做商法通则的立法工作，跟相关立法部门一直在共同努力，商法学会这些年工作一直在为此努力，这个梦不会一直不醒的，总会醒的。

薛军：同学们有什么问题？尖锐的问题都可以问。

刘凯湘：欢迎提各种不同的评论，当然也欢迎补充各位教授的观点，更欢迎有交锋的观点。

提问：谢谢各位老师、同学，我是北京师范大学2018级学生，我想问一个关于人格权编的问题，我之前关注过人格权编，发现学界的争论特别大，王利明教授主张支持人格权编，梁慧星教授对此特别反对，他认为应该把人格权规定到总则编里面，然后把相关的侵权条文回归侵权编，尹田教授认为不应该这么规定，消极保护就行了。我想问一下，人格权独立成编还有价值吗？谢谢。

杨立新：我觉得是这样，现在讨论这个问题纯粹是理论上的意义，因为立法上确定必须要写，现在讨论它是写还是不写，这个争论没有价值。我觉得人格权编到底是独立写还是不独立写，放到侵权法还是放到总则当中去写，说起来还是技术问题，就是放到哪里写更好一点。现在既然立法机关已经决策放到这里，我觉得很好，党的十九大报告确定保护人格权，决定放到人格权编，对于保护人格权只有好处没有坏处，可能会在技术上存在一些缺点，但从这些方面来看我觉得不是大问题。

刘凯湘：朱庆育你对人格权编的问题怎么理解？

朱庆育：我没有观点，我想知道刘老师的观点是什么，您说一说。

刘凯湘：你把球踢给我了，其实刚才那位同学问的问题，杨立新老师已经讲了,如果我们的立法草案没有把人格权独立成编写进去,我们继续探讨,作为一个立法论的问题,它的价值更大一些。现在可以说这一编不会缺席,肯定会写,当然这个情况下我们仍然可以谈一谈。比如纯粹从学术角度来讲,讲课也罢、写文章也罢,说人格权不能独立成编,说民法学术的理由。但我的观点非常清楚,这些年我一直跟着立新,一直关注人格权独立成编的问题,我也写过这类文章。比如人格权的内容一部分给侵权法,一部分给总则,真就不行吗,也行;西方那么多民法典没有独立成编就不行吗,也行。我们编纂法典就是讲形式理性、形式价值,在任何新的时代,尤其对人格保护很弱的情况下,党的十九大报告提出保护人格权,这是一个好契机,没有坏处。当然也许会带来一些障碍,如果盗用姓名直接依据人格权编就足够了,如果涉及对市民的侮辱,也可能涉及人格权编,这个没有问题。我完全赞成人格权独立成编,而且赞成放在总则后的第二编,这是我的观点。

朱庆育:我很清楚刘老师的观点。

刘凯湘:首先你赞成我的观点吗?

朱庆育:我是否赞成不重要,我补充一个和江老师的对话,我专门问到江老师对《民法总则》当中的规定怎么评价。《民法总则》出来之后,我不知道立法方面是怎样的,但解读是人格权不独立成编,放在总则编。江老师很坦率地说,《民法总则》这样的规定我很不满意,与其这样不如人格权独立成编。

刘凯湘:江老师最开始对是否独立成编不是很明确,但后来观点越来越明确,应该有《民法典》,包括人格权编。

提问:首先特别感谢各位老师,我是西南政法大学的大三学生。特别针对李永军老师提出问题,老师您提到本科生的学习过程,我们认为动产公示有时是交付,动产抵押权有时是登记主义,有时采用对抗主义。我们在本科学习当中觉得这种不同是理所当然的,从来没有想到过要把他们统一起来,对债权意思主义和物权变动模式的认知仅仅局限在其他国家所采纳的立场,中国的传统文化和我们的《民法典》还没有进入本科生学习的思考范围,所以我对此提第一个问题,李永军老师能不能在这个点稍微做多一点知识性的展开。第二个问题,“民法典时代的中国民法学”面对的是法学教育,我刚刚参加完法律职业资格考试,不仅是《民法典》进入新时代,法律职业资格考试也进入了新时代,在法学本科教育中是不是应对法考改革做更多回应?谢谢。

李永军:先说第一个问题,作为本科生没有关心过到底是对抗还是生效,这是碎片化问题。你对公示公信原则是怎么理解的,有的交付是对抗,有的交付是生效,有的登记是对抗,有的登记是生效不是对抗。不动产的交付是什么?

刘凯湘:问的是动产。

李永军:动产的转移占有是什么,从体系化来讲这是一个问题。比如动产抵押不转移占有,但从公示原则来讲,动产交付转移所有权。动产不查登记记录,不用一个表列出来这些动产可能登记或抵押了,这样其实是很可怕的。物权为什么要类型法定,就是告诉别人你不要随便地拿这个东西去对抗别人,如果动产可以随便抵押,根据公示公信原则,通过交付变动所有权,这种交易市场的安全性是非常可怕的。如果碎片化学习,把公示拿走以后,几乎不存在体系化的民法典了,但法典不是这样的,法典是金字塔式的结构。我们学习知识是这样,学《民法总则》各编,学《物权法》总则、分则也是这样。

崔建远:《民法典》与司法考试的关系,应该说现行的教育体系和司法考试关系比较分裂,一方面现有的教学中不少老师认为现行法有待完善,而司法考试答案依据是现行法。另一方面,司法考试的形式和教学当中留的思考题、作业也没有对应起来,如果《民法典》颁行以后遵循法教义学方法,这个差距会缩小,但也仍然面临着问题。我没有在德国留学过,听说德国法学院的教学和司法考试基本上是相一致的,如果我们往这样的方向再进一步,可能就更好。其实总结为一句话,以后我们的教学、研究一方面要正视现行法,找出克服不足的路径方法,这样跟司法考试更好地匹配。

刘凯湘:薛军老师你做个总结。

薛军:非常感谢今天有这么多老师,有的是在我诱导之下发言,有的是直抒胸臆,但总的来说就《民法典》编纂与中国进入"民法典时代"的话题展开了很好的对话和交流,同学们也提出了很好的问题。就我个人来讲,《民法典》编纂是中国法律发展的一件大事，肯定对中国民法学知识形态会产生一些新的影响。《民法典》编纂能做到把中国的法律渊源体系进行很好的梳理，这是很重要的任务，但到目前为止还没有看到他们对此有非常明确的计划。《民法典》编纂之后肯定有几个不可避免的现象：

一是中国民法学关注的重点更多地从一个略具有开放性的视角转向以《民法典》条文为主体的法内视角，但我个人认为还是要注意法内视角和法外视角的平衡、域内视野和国际视野的平衡。虽然法律上体现了立法者的意志，但民法是对于客观经济规律、人际交往的伦理价值反映，所以还是有共通的民法基本原理，这个原理可以通过域外相关规定或者其他的知识来掌握。虽然我们有更多的解释论、更少的立法论，但绝不能把中国民法学变成完全故步自封、杜绝对外交流的状态。另外更多关注司法个案，通过司法判例对于法律潜移默化，特别是在新兴领域，像电子领域、互联网领域也涉及很多民法问题。所以未来更多是对判例进行整理，通过判例寻找中国法学真正的问题点，而不是虚构的。

二是《民法典》很重要的作用是为中国法律人共同体包括法学家、法官、律师建构了一个共同的话语平台。这个话语平台以前不是没有，但隐隐约约总觉得有一个应然的东西，现在已经出现了，可以成为未来进行学术对话交流的平台。这一发展不一定特别乐观，但为建构法学通说、成熟的法律知识共同体提供了很好的条件，这对未来整个法学知识的有效积累提供了很好的便利条件。年轻的学生、学者要把握住这样的历史变化，找到自己的学习方法和研究重点的准确定位。

今天晚上的活动是整个民法教学研讨会附加的，主要谈教学。有一句法学家名言“最强大的法并不是写在法典上的法，而是在课堂里教授的法”，我对此有特别深切的感受。我们也有学生在最高人民法院当法官、写司法解释。因此法学教育非常重要，北大在各方支持之下，首届全国法学教育师资研修班凸显出课堂上的法非常重要，如何有效地教授法律是法律共识形成的第一步，大家的参与我们非常感谢，让我们形成了很有效的对话机制。我想今天晚上的活动到此可以圆满结束了，感谢所有老师的参与，感谢我的共同主持人刘凯湘教授，今天晚上活动到此结束。

刘凯湘:薛军老师总结得很好,民法学、民法典沙龙,最后的结论或者共识是什么?等明年有了《民法典》以后,第一,珍惜《民法典》,依靠《民法典》;第二,跳出《民法典》,超越《民法典》。谢谢大家。

研修班感想与体会

教师研修体会精选

坚定初心　努力前行

西安理工大学　宋柏慧

在全国第35个教师节前夕,我非常有幸参加了北京大学法学院精心组织的以“民法教学方法:基础课与案例课”为主题的首届全国法学教育师资研修班。作为民法学科教学一线的普通老师,我在这场教学学术盛宴中受益匪浅。感谢感恩之余,现将研修体会简单总结如下:

一、坚定初心

整个研修班高扬一线法学教师在法学本科教育中的使命和责任,深深感染下更坚定了我“潜心教书育人”的初心。第一,北京大学法学院作为中国法学教学改革的引领者,不仅自身教学改革成果显著,更是在学界整体重科研轻教学的风气下,担负重担迎接挑战,不收费用举办师资研修班为全国一线本科法学教学工作者建设“携手共进、共同取暖的法学教学共同体”,着力于全国法学本科教育师资能力的提升培养。第二,潘院长在开幕词中强调此次开办研修班就是对法学教学改革主题的回应,并提出了引人深思的问题:“中国的法学教育应当是什么样子?此般模样的形成,是由谁决定的?”这个问题叩响了每一位参会者作为法学教师的心门。是啊!我们的教学是什么样的,中国的法学教育就是什么样的!中国法治人才培养的使命和责任,不就体现在我们日常教学的点滴中吗!第三,参会的嘉宾不只是北京大学的知名学者教授,更有来自全国各大高校民法领域的著名学者才俊。有些嘉宾宁可推掉其他的学术会议也过来参加这次研修。所有的嘉宾们,即便是参加午餐时的沙龙,也都精心准备了课件和充实的研讨内容。

组织者的用心和嘉宾们的投入支持,研修主持人和各位嘉宾专家们深厚的法学功底,精妙的课程教学艺术,精彩的主题发言,耐心细致的问题回答,让研修班中的每位老师学有所得,收获丰厚。组织者和与会专家们用自身的行为诠释着法学教师在法学本科教育中的使命和责任,同时展示着"德高、学高、艺高"的高校教师优秀品质。

刘凯湘教授在主题发言中直言道,"科研没做好没关系,课教不好就是本职没做好";李永军教授在主题发言中强调法学教学中的本土化问题,引导研修教师在教学中不要光批判,而且要注重我们本土法律的解读和正确适用。民法是法学基本学科,教好民法是指导学生夯实法学本科基础知识的关键一环,首届法学教育研修班选择民法教学方法为研修主题,正是着眼于"全面提高法学人才培养能力"这个核心点,来帮助研修教师提升民法教学水平和提高法学人才培养能力。研修班处处彰显每一位法学教师在法学本科教育中应有的使命和责任,作为研修教师,我深受感染并更坚定了"热爱法学教学和潜心教书育人"的初心。

二、学以致用

研修班的三组课程教学展示体现出民法金课教学中的以下共性特点,在以后的教学中我要学以致用,努力提升教学效果。

第一,传授知识的基础上,重在培养学生发现问题和独立思考的能力。

朱庆育教授以限制行为能力人从事的两类法律行为的效力为线索,将涉及该问题的所有法条详细罗列,引导同学们解读法条并发现法条间的异同和问题,结合法条规定,对纯获利益行为的概念界定、判断标准、生活实例判断(如报酬行为是否属于纯获利益行为)和受管制法律行为中一元效力结构与二元效力结构的选择等问题进行了深入阐释,逻辑严密,思路清晰。课件展示和讲解相结合不仅教授了基本知点,更重要的是传授了法条的比较分析中归类总结和发现问题的方法,无形中达到了提升学生自主学习和思考的能力。

茅少伟老师授课的主题是"意思表示瑕疵:欺诈"。课前的阅读思考指导、课内"老师提问—学生作答—老师及时补充与引导"的互动教学,课后思考题及案例解答的作业，三环相扣的教学过程，扩展了教学的讲堂链条，打破了我讲你听的传统模式，实现了学生知识、能力和素质培养的有机融合，面对复杂问题的综合解决能力无疑会不断提升。课题互动教学中，茅少伟老师特别注重问题意识下引导学生结合案例深入思考，培养学生将生活事实转换为法律思维下的事实要件判断能力（如凶宅信息应否披露，引导学生思考该信息是否对交易构成重大影响，是否属于非公开信息？再如，对瓷瓶的年代和稀有性的判断是否属于应披露信息，进一步引导思考非公开信息下还可再细分为“原本就存在的信息”和“生产出来的信息”，生产出来的信息不属于应披露信息。还如，故意告知虚假信息的是否都构成欺诈，结合服务员虚假赞赏而得出只有“非法性”故意告知虚假信息才构成欺诈）。同时，茅老师超强的课堂把控能力也让人佩服不已。

虽然两位老师采取的教学方法不同，但是可以看出，无论是传统讲授模式还是互动模式，共性特点都是在传播知识的基础上更注重培养学生独立思考和发现问题解决问题能力。我想，高水平人才培养能力也正在于此。

第二，明确教学目标，教学内容围绕教学目标而设计，教学形式围绕教学内容而展开运用。

同样是案例研习课，金可可教授以民法初学者为授课对象，重在培养学生对于民法基本原理、基本制度规则的牢固掌握，所以教学案例多以自编案例为主，教学重在从民法请求权基础考察出发，夯实学生对于要约、承诺、解除等基本法律概念的要件理解和归入法运用能力。而葛云松教授以高阶的法学学生为授课对象，案例研习重在培养实务中处理实际纠纷的能力，教学案例的选择则以真实判例为主，综合培养学生在司法实践中从原告、被告、法官等多角色综合分析处理案例的能力，包括诉讼法上和民事实体法上可能遇到的问题的思考和解决。

第三，引导和扩展学生的课外学习，实现教与学时间的有效延长。

传统教学模式下教学内容的增多与学分制下教学时数压缩的冲突凸显，教学模式改革时必须吸引学生积极参与，发挥学生的主动性，实现教与学时间的延长。研修中，无论是案例研习还是基础课程的互动式教学，都从课前、课中、课后三环节入手，大量的阅读放在课外进行，老师的作用就是引导和指导,否则仅靠课堂上的短短几十分钟,学生的可输入知识根本不足以支持专业应用的要求,自主学习能力也很难提高。当然,布置的作业必须进行过程管理和监督,否则只布置而不管理,难以形成实效,这也是教学中需要关注和考虑的现实问题。

第四,以科研促教学,教材只是学生的基本参考书,教师备课越充分授课越精彩。

在各位老师的教学展示中都突出表现出了这个特点,从课件资料到教学过程的各细节把控无不体现各位老师对教学内容的深入研究。孙鹏教授以 300 多个法院案例为基础进行归纳总结,对违反强制性法律规定法律行为的效力进行深入解析;方斯远老师从问题意识出发,分别从文本解读和功能视角出发,多维度探讨了习惯和司法解释的法源问题,学生完成的作业验证了方老师教学的成功之处;茅少伟老师课堂上从提问到引导,再到收敛总结,这些没有深入的准备和研究不可能如此精彩。

三、受益良多

本次研修班内容丰富,形式多样,环节紧凑,组织者利用一切机会来充实研修活动,在课程教学展示的教学法学习之外还使我受益良多。

第一,午餐沙龙以"案例研习方法交流"为主题,由张双根副教授主持,张家勇教授、朱晓喆教授和李昊副教授分别介绍了所在学校开设的民法案例研习课程情况,使得我们更广泛地了解到其他代表性兄弟院校关于民法案例研习课的教学内容、授课特点、课时安排、授课中的困难和困惑等具体情况,无异于一次广泛的课程调研,有助于自己所在院校案例课程教学改革的推进。

第二,晚间学术论坛的主题是"民法典时代的中国民法学",在薛军教授精妙的提问下,各位老师对即将进入"民法典时代"的中国民法学的发展前景展开了评价和预测。杨立新教授提出《民法典》编纂后包括教材更新等多项后续工作需要开展,使我们认识到过渡期间可能面临如教材不能及时配套等现实困难,对这些困难必须要有教学上的各项应对准备。李永军教授从如何对待域外相关规定和保持民法开发性角度、朱庆育教授从民法评注工作角度、金可可教授从民法学者对外交流学习的角度分别对"民法典时代”民法学面临的问题进行了回应,使研修老师开阔了眼界提高了认识。钱明星教授认为《民法典》是改革开放成果的最大确认,并具体阐述了教学中需要处理的三种关系;崔建远教授表达了从教义学的角度,应当尊重《民法典》的出台,将缺点通过合理阐释而消除;刘凯湘教授总结发言提出《民法典》颁布后,民法的教学与研究、民法的逻辑和知识体系并非另起炉灶,而是一脉相承。法典作为法律的最高表现形态,其权威性应受到维护,并需要与其他既有规范平衡,最后强调我们要在珍惜依赖《民法典》的同时跳出超越《民法典》。三位老师的发言恳切而真挚,给我们一线民法教师指明了《民法典》颁布后教学工作中应持有的基本态度和方向。

第三,北大法学院作为组织者利用一切机会和形式来充实研修活动。研修开始前将研修所展示的案例研习课程课件、学生完成的案例作业等资料汇编成册,方便老师研修学习;研修中,通过微信群将嘉宾专家的授课课件及时发送给研修老师。这些资料虽然是授课嘉宾老师的节选课件,但具有相对完整性。金可可教授将契约(原给付)请求权归入法案例研习的简版整套资料提供给我们学习,茅少伟老师的互动课资料包括了“意思表示瑕疵:欺诈”这节课程所涉及的课前作业、案例裁判、课后思考题三大部分,这些资料给我们研修老师形成了第一手的备课参考资料,非常必要且有价值。此外,研修班会场中还提供了北大法学院自编的关于本院开设的进阶讲座资料,这些资料涉及各个学科,对于其他学科的教学形成指导和参考。以我为例,我除了“民法分论”外还讲授“劳动法”,回来后我学习了进阶讲座系列中的阎天教授的《学习劳动法的六类疑难问题》,收获不小。

通过本次研修学习,我融入“携手共进的教学共同体”中,亲身体会学习了以北京大学为首的知名院校资深专家们在民法学课程教学改革中的最新成果,收获很大,今后我也会将研修所得结合现任教课程实际践行探索提升教学水平。由于研修时间限制,本次研修围绕民法教学方法展开,所以对于教学中的过程管理、学生成绩考核等一系列问题未能探讨,相信在以后的研修班中会逐步展开。作为研修老师,我深深感谢组织者和各位嘉宾专家的成果分享,也祝愿我们的本科法学教育质量在先行改革者们的带领下不断提高,走向一流。

民法案例教学的“和而不同”及指导价值

湖北大学 蔡大顺

本次民法教学研修班时间紧凑且高效,教学名师纷纷拿出自己的看家本领,充分施展。作为学员的我可谓是“大快朵颐”,甚是酣畅。内心感激之情,再丰富的语言亦是难以表达,深感北大法学院的学术情怀与社会使命。对青年教师而言,科研是求得稳定教职的核心,而教学是教师的本质任务,但没有教职,也就没有教学,科研与教学虽说可以相得益彰,但仍有诸多矛盾之处,值得青年教师认真思索,本次研修班为我提供了些许答案。以下简要说两点自己的真情实感,可能显得有些零零散散,不成体系。

一、民法案例教学的“和而不同”

所谓“和”系指,案例教学的重要性得到了普遍的共识,案例教学的方式确保学生掌握分析问题的工具。正所谓“工欲善其事必先利其器”,案例教学确保学生能熟练地运用工具,尽可能地缩短学校与实务部门的距离,让学生摒弃通过过于主观、朴素的法感情判断案件,实现裁判的“于法有据”。如此一来,易于学生与其他法律人建立共同的话语圈,在同一平台上进行有效交流,否则总是甲说、乙说,不经有效论证,结果就是陷入混乱。

“不同”系指案例教学的实施方式各有差异,既有北大苏格拉底式,亦有华政请求权鉴定式,两者并无所谓高低之分。但不同之中仍有共同之处,即民法的请求权思维底色并未改变。案例教学的操作流程大致相同,大家都是选择小班教学,首先,确定案例与答案,答案可由助教初拟,然后共同确定标准答案;其次,提前发案例,要求学生写鉴定报告(1万字左右,甚至有2万字的),助教批改鉴定报告,发现问题,做出标记;再次,经由课堂小组讨论、交流、问询,再发现新问题、新焦点;最后,教师讲解。案例教学一气呵成,学生与教师实现了信息互换,提升了课堂效率。

两位老师的课堂展示,让我发现案例教学的问题:特别耗时,这对青年教师而言可谓是不小的挑战。就民法基础课而言,无论是朱庆育教授还是孙鹏教授,“和”在推崇纯粹的法教义学,“不同”则在表现方式的差异,两位对法条进行分析,层层推进,难度与深度皆有,从客观上说,对本科生而言,课程稍有难度,过于抽象与晦涩,学生可能会又爱又恨。

二、本次研修班之于我的指导价值

第一,值得特别强调的是,法学学习离不开大量的阅读与写作,让学生交换读书笔记,在比较中学习新知,亦可借鉴方斯远老师的文献综述法,尽管难度极大,但值得鼓励学生去积极尝试。

第二,就今后教学的具体实践而言:其一,少点A、B、C、D说,尽量找到通说,否则学生会愈加模糊与不确定,不利于建立话语圈。其二,不要总是批判法律,美国、德国在法律上对此如何规定,中国就应该怎样规定,不要让学生对法律充满敌意,走上岗位的时候排斥法律,应该要求运用法学方法论使不完善的法律获得合理的解释与运用。其三,课堂教学无法教会学生全部,要正确认识学校与社会的任务差异。案例分析中的案例都是纯化过的案例,工作单位抱怨学生毕业无法直接上手办案,这种现象很正常。因为,社会生活事实需要提炼为法律事实,涉及证据的发现与认定千差万别,课题教学可能无法实现,有待于实践中慢慢掌握。其四,注意案例分析课程中的案例与课堂教学的“举例”,真实案例与教学案例的差别。其五,鉴定式案例分析,前提建立在有知识进行案例分析,如何让学生学到知识,大量阅读与文献综述能力不可缺少。

民法教学的精神盛筵,青年教师的“饕餮之旅”

沈阳工业大学　高亦鹏

在2019年9月金秋送爽前热情似火的北京,来自全国各地的青年教师和优秀法科学子齐聚现代主义版獬豸像旁的北京大学法学院。中国众多优秀的著名民法长者和中青年才俊在文化底蕴深厚的未名湖畔绽放出他们学术智慧的光芒和对民法教学探索的热情。学员们对该学科的喜爱比这天气更加热情似火,专家们精彩的授课给“天才之火”添加了“睿智之薪”。

作为一名来自普通高校、研究方向为知识产权法学的民法学授课教师，在两天的紧凑学习过程中，我有幸感受到国内法学教育最新授课方式的探索，包括对基础课的讲解和对案例课深入研习的典型模式。创新化的百人盒饭午餐沙龙，最大限度地节约了大家宝贵的学习时间，尽可能在短时间内为大家奉献更多的研修盛宴和先进经验展示，让大家在新鲜轻松的气氛中更好地适应紧凑的学习，但这背后是会务组织老师更加频繁的调动和法学院师生对临时安排的积极应对。自研修班微信群建好后，刘老师在学术安排、贾老师在会务安排上便不曾轻松。此次研修班的发起者之一车浩老师更是以北大舍我其谁的责任感，联合学界有积极交流意愿、优秀授课水平、先进探索经验的老师们与全国各地民法学教师、优秀法科学子分享，试图积极将一颗颗火种播撒到全国各地。或许是为了将来的重聚而埋下惊喜的伏笔，陪伴授课全程的车浩老师，并没有来得及利用此次研修班的任一环节，分享他在期末考试时大型案例题开卷考试的命题经验，希望在未来能有合适的机会继续分享、交流。台上一分钟，台下十年功。对于授课老师已经取得良好效果的经验，我们既要“临渊羡鱼”，更待“退而结网”。“独乐乐不如众乐乐”，交流分享的美德一直贯穿于研修班的全程，既包括北大法学院老师为我们提供的良好平台、组建的强大师资，也包括授课老师许可大家对其学习资源进行合理使用。

下面是我关于此次研修学习中的一些感谢、启发乃至有待商榷的建议。

一、主题发言环节

杨立新老师指出了法科生在阅读和写作两方面的短板，并以在慕课上获得良好教学效果的王竹老师为例，谈到素质养成与因材施教的关系；刘凯湘老师强调了授课的重要性与培养学生的初衷，指出教学热情和负责任的态度，始终是教学效果一以贯之的有力保障；李永军老师尤其强调开展教学创新时仍要重视法教义学的重要性，要注意平衡本土资源发掘与外来经验参考的平衡、案例实践真知与文献研读先鉴的平衡。

亮点与启发：参加研修班之前，我又重读了王泽鉴老师关于以写作促进研究、在研读中不忘写作的方法与习惯提醒，但杨老师关于写作课方面尚未充分展开。刘老师、李老师则认为教师首先应搞好教学，培养好学生始终是高校教师的职业初衷,“桃李天下”终究是对教师生涯最好的评价。虽然广大青年教师们要靠研究成果确立个人在本校乃至业界的地位,但重研究轻教学的评价体系,难免会因回归高等教育本质与初衷而崩溃。因此要未雨绸缪、重视教学创新,但在适应时代新变化与学生接受方式的同时,经典研读与传统研究方法仍不可忽视。

期待与建议:如何设置难度适当的写作任务,并与课程教学有机结合?如何在普通高校开展教学效果较好的检索课与写作课,也是广大普通高校的法学教师们想要了解的内容。虽然法学优势高校各自开展了符合本法学院实际和师资现状的检索与写作课,但应如何开展普通高校法学学科这两门课仍在徘徊探索之中,希望在以后各期或其他法学二级学科的研修班中能得到回应或展示。

关于在各部门法的创新课中不忘法教义学的问题,可能需要在授课时适当展示如何结合各部门法学的知识点与部门法法理进行讲解,或运用法学方法进行相应分析的举例说明。

二、基础课展示环节

朱庆育老师讲解的是“限制行为能力与法律行为效力”,在讲授过程中紧密结合“意思表示解释理论”这个他自己最擅长并做出研究特色的工具。这使得一场看似娓娓道来的基础课,因为内容和结构的调整而格外精彩;孙鹏老师讲解的是“违反强制性规定法律行为的效力”,以真实判例为研究素材,如同写论文一般层层剥开、条文缕析、原则与例外分释,讲解激情澎湃,特有的川渝腔集中了全场的注意力并在适当的时间将听众逐渐引入他分层次的知识结构展开中。

亮点与启发:无论“平稳语调、内容取胜型”的老师,还是“激情澎湃、逐层展开型”的老师,只要坚持一颗热爱教学的心,并在日常工作生活中坚持学术研究,形成自己的授课风格与研究思路,终会收获良好的授课效果并得出相对明确的研究结论。作为一门不能建立标准化统一研究方法的社会科学,法学的魅力在于不断探索,以时间反复理论、逐渐形成真知。

关于教学纲领与授课知识的关系问题,几位老师都给出了自己的回答,即授课知识不能被教学纲领的形式条框约束,一定要服务于具体的课程和授课对象,并与其他课程做到一定程度上的协调。只要实质内容和最终目的、效果没有跑偏,具体授课过程中对知识点的讲授,不宜拘泥于教学纲领的条框约束。

期待与建议:期待“平稳语调、内容取胜型”的老师,能够稍花点时间,讲解下知识点逐层展开的知识结构设计;期待“激情澎湃、逐层展开型”的老师,能够花些时间,分享下自己对课堂节奏引导和掌握的细节。毕竟,如果在普通高校被拘泥于条框形式的考核中,前一种类型的老师可能面临要解释其创新授课主轴与教学纲领间的关系,后一种类型的老师可能面临要解释其如何按要求完成纲领上知识点的关系。尽管解释清楚并不难,但有时对授课教师教学思维导图的了解,可能更有利于启发普通高校法学教师提高授课质量。

另外,普通高校法学教师还想了解下期末考试或考核形式,如何与基础课创新相适应的问题。

三、案例研习环节

案例研习环节是此次研修班的特色和亮点。目前法学案例研习环节开展得比较好的高校有北京大学、华东政法大学(以下简称华政)、中国政法大学、中南财经政法大学等(以下简称中南)。为了更好地在案例研习环节为学员们节约时间、多展示些创新经验,主办方创新地试行了百人盒饭午餐沙龙,这本身即是一大亮点。从前到后望去,台上台下变成了平等互学、教学相长的主体。

(一)午餐沙龙部分

张家勇老师结合中南法学实验班的民法教学经验,认为应优先选取鉴定式案例,并提出理论、规则、案例相结合的学习方法;朱晓喆老师介绍了上海财经大学民法请求权研习课的情况,主要运用涵摄方法增强论证说理能力和检索写作能力;李昊老师以理工科高校办法学的经验,向大家介绍了北京航空航天大学的案例课程开展情况,为理工科高校办好法学学科、闯出一条路子,树立了信心和榜样。

(二)案例课展示部分

金可可老师以“书画风波案”为例,模拟华政案例研习课中助教引导分组讨论、归纳争议焦点并具体展开分析等教学过程；葛云松老师以“侵占邻地案”为例，在与同学们进行案例分析的过程中，不断使用苏格拉底式纠问教学法。案例课高潮环节，学员们从私下分析案例、情感与氛围沉浸，到仿佛穿越回分析案例教学法的现场或作壁上观于藏传佛教寺庙辩经的场景中。

亮点与启发：张家勇老师在中南开办法学实验班的案例选取中，最终定下了鉴定式案例的标准。因为在实验班案例教学的开展过程中，要面对刑事、民事、行政等不同类型案件，而前些年在部分高校效果较好的请求权思维案例分析却更多适用于以民事类型为标本的案例；朱晓喆老师虽然很谦虚地谈了困惑和不足，但其经验显然建立在将请求权思维用到一个相对极致高度的基础上；李昊老师更多是用一种成功后的乐观心态，提供理工科高校办出法学专业特色的示范效果。

金可可老师与葛云松老师在案例分析的具体开展上有所不同，但在将高年级法科学生纳入助教来有效引导低年级法科生参与案例分析课的过程中，都取到了差异化的良好效果。助教的使用减少了授课教师的压力，又锻炼了有志于继续读书深造的学生，而且教师可以腾出时间来选取、建设更多精品案例。

期待与建议：在后面的环节中，连北京大学深圳研究生院的茅少伟老师都表现出离开本部后同事和学生规模不足，无法按既有成熟套路复制北大本部、华政成功经验的现实难题。普通高校开办法学专业过程中，如何开好案例分析课将面临更多的现实难题和师资、学生规模的“瓶颈”。因此，集体选取建设精品案例与恰当使用助教，便成了普通高校亟待突破且突破后可能较快收获良好教学效果的路径。期待在下一期或其他法学二级学科研修班的举办中有更多分享或详细介绍案例选取与助教使用的过程，包括助教先期准备和课堂先行引导讨论的模拟过程，教师集体筛选建设精品案例的讲解和建议等。另外，案例研读报告也最好建立在检索与写作课修完的基础上，也希望未来会有检索与写作课的适当分享。

此次研修班的发起者之一车浩老师，几年前就在其所教课程期末考试时开展大型案例题开卷考试。车老师所命习题，覆盖知识点全面、复杂，促使学生调动更多创新思维，学会从实际出发。习题中人物颠沛流离、情节曲折离奇、考点连环相扣。希望在未来能有合适的机会继续分享、交流。

四、晚间学术论坛环节

晚间学术论坛的主题是“民法典时代的中国民法学”，由刘凯湘老师、薛军老师临时主持，杨立新老师、崔建远老师、钱明星老师、李永军老师、朱庆育老师、金可可老师受邀参加讨论。这是北大法学院为广大研修班师生奉献的又一份厚礼和“增值服务”，使得大家在进行了一整天的紧凑授课后仍有兴趣了解行业动态与学界聚焦。杨老师认为“后法典时代”，如前所做的民法研究仍要坚持；崔老师认为“后法典时代”的重心将转到解释论；李老师回答了如何保持民法知识开放性的问题；朱老师“后法典时代”的民法方法论有待进一步观察；钱老师认为应注意法典与中国传统法律文化和苏联民法的扬弃问题，对国外的民法要客观参考；金老师结合自己的留学经验，鼓励年轻学者、学子走出去看看；刘老师受邀谈了商法、知识产权法借民法将完成法典化之机的“搭便车”问题。

亮点与启发：这种茶座式轻松对话的聚焦方式，值得在开展法学讲座时学习，但以上豪华阵容，可能要法学优势高校才能发起，北大法学院舍我其谁、众乐乐的精神在晚间论坛的筹备上再次凸显，并考虑了不能到现场的学人的感受，通过场外直播的方式最大限度满足了广大学人聆听大家讲座的心愿。

期待与建议：期待能进一步加强互动环节。北大法学院提供的现代化授课环境中，可以进一步在后台开通现场听众、场外听众的短信、微信提问，待后台遴选后要求论坛大家进行回复，进一步活跃气氛、调动实时互动感。

未来除继续试办其他法学二级学科研修班外，也可考虑举办民法为主的研修班，邀请知识产权法学科、商法学科的老师一同参加学术讲坛或讨论环节，实现一定程度的学科交叉。乃至在时机成熟、条件具备时，跳出9个常见法学二级学科的束缚，开办知识产权法等成熟新兴学科的研修班。

五、大班互动环节

茅少伟老师在凶宅案的分析讨论中，逐渐贯穿苏格拉底式纠问，使学生在主动或被动的充分思考和积极互动下，更好理解并串联相关知识点；方斯远老师从民法渊源出发,结合自己丰富的研究和授课经验,从文献研究和规范解读角度层层展开。方老师还展示了学生作业反馈环节,优秀低年级本科生经过训练后很好地完成了文献综述与知识点初步串联。

亮点与启发:茅老师的授课方式对授课教师的要求极高,要求授课教师必须掌握好有关知识点,并且备课充分、融会贯通,方能有效纠问。这一课程的准备过程本身也是一种起步艰难,但入门后给人带来知识和学术收获满足的授课方式。方老师的授课方式,有将大班授课逐渐导入小班情节的发展方向,需要更用心因材施教、挖掘优秀学生。只要让他们充分努力、开发其潜能,优秀学生将还授课老师一个精彩,扎实肯干型学生多年后也会大有收获。

期待与建议:茅老师的这种授课方式,期待在未来能看到一个类似思维导图的指引。这样既能因准备较好而灵活应对,又不至于在具体授课过程中离教学纲领的考核太远。当然,个人是不支持按教学纲领的形式条框来考核。

方老师的授课方式可能会逐渐发掘出一批优秀学生。其实,在法科优势高校中,优秀学生们获得的校内、跨校学习机会还是很多的。但在法科不占优势的普通高校中,优秀学生要想获得跨校学习的机会,还是需要付出更多努力的。希望以后在举办类似研修班时,在坚持择优录取的基础上,也能花时间从普通高校法科学生的申请材料中,筛出努力肯干或资质较优的学生,提供这种良好的授课平台,为其未来发展提供信心与路径。

六、学生反馈环节

同学们认真思考,各抒己见,并期待得到授课老师们的中肯建议。西政一位同学更期待在课下能与老师有着传统师生感情交流方式的互动。茅少伟老师认为法学方法论不宜过早深入学习,更应当从现实出发、从具体案例出发、从部门法出发,待理解深入后再进行深度学习。刘凯湘老师强调,法学方法应当是经每个个体学习后选择最符合自己情况的方式,并非有单一方法能够放之诸案而皆准,一套使用全部类型案件产生确定、共通的结果。

亮点与启发:北大遴选的优秀学生确实让人眼前一亮。同学们学习知识、跨校交流的方式,除实体世界以外,更向网络虚拟世界延伸,且不忘在虚拟世界中继续请教经世济用的方法。

期待与建议：希望在未来的研修班活动中，能够在事前遴选一些有代表性的问题，在课堂上分类高效回答，这样其他学员也可受益。同时在学生反馈环节中，也可通过微信留言等方式在后台分享意见和建议，经筛选通过大屏幕展示，选择有代表性的问题提问乃至留给学生课后继续思考。

另外，在时机成熟、条件具备的时候，部分法学优势高校也可采取香港中文大学、澳门大学的住宿式书院的方式，来实现学生的课下博雅教育，促进跨学科的交流与互动。

感谢北大法学院师生并期待未来能够有机会再聚首。

来到秋风送爽前热情似火的北京，大家发现北大法学院各位老师、同学的细致周到，广大教师学员对学科的兴趣与教学的交流渴望，比这天气更为热情。特别要感谢北京大学法学院的老师们为我们安排了如此丰富、异彩纷呈的“精神文化大餐”，使我们短时间内领略到中国民法学教学的先进经验和发展方向，尤其是案例研习方面的精彩内容，并享受到民法著名学者的精神盛宴。

感谢北大法学院师生的热情周到准备，使我们在课下休息、结课后踏上旅途之前，能够在法学院周围领略燕京、北大百年名校风采，感受到开放进取、兼容并包，品鉴全国重点文物保护单位未名湖燕园建筑。未名湖的未名胜冠名，博雅塔的博采众家之雅，燕南园的大师隐于校，都让人在燥热的季节和浮躁的尘务中，感受到了难得的安静与沉稳。

欢迎各位老师、同学今后方便时来沈阳，感受那里的多元民族文化风情和“一朝发祥地、两代帝王都”的历史魅力，用我们这些民法学“饕餮者”如初的教学热情不断吹拂起学潭的涟漪，为那一泓清泉在源头持续注入活水，使民法学的教学、研习在“独乐乐不如众乐乐”的美好愿景中开枝散叶、传播火种。

问渠那得清如许　为有源头活水来

江苏警官学院　苏　艺

作为一名公法学人士，两年前应教学需要走进民法课堂时，我就事先向学生声明：本人在私法领域的知识只相当于本科水平，如果你们认真学习一个学期，就基本可以达到与我平起平坐的程度。民法学博大精深，回想自己上学时，尽管总论分论学习了两个学期，但一直是懵懵懂懂的状态，整个知识体系应该是到之后司法考试复习时才初步确立的。两轮课上下来，尽管自认为还算兢兢业业，但囿于自身知识结构似乎也到了一个瓶颈期。正因为如此，当看到首届全国法学教育师资研修班"民法教学方法：基础课与案例课"的开班启事时，我毫不犹豫地报了名，并有幸忝列其中。一天半"太过紧凑"的议程听下来，初感收获颇丰，但事先的分组只起到了签到和快速领证书的作用，未能达到"让所有老师都有充分的时间讨论交流"的目的，不免有些遗憾。在返程途中，主办方推定我们已产生"思想的火花"，适时提醒大家按照开班前的约定，每人提交一份研修体会，这不失为一种补救措施。为了履行约定，在沉淀几天后，我重新审视这次的北大之行，主要针对三个教学方法展示与研讨的单元形成以下体会，请各位同仁批评指正。

一、基础课教学部分

基础课教学面对的学生是一张白纸，肩负着知识原始积累的艰巨任务。按照《学位条例》对本科生授予学士学位的要求，一是"较好地掌握本门学科的基础理论、专门知识和基本技能"，二是"具有从事科学研究工作或担负专门技术工作的初步能力"，因此本科阶段的教学在知识结构条理清晰的基础上应努力做到重点突出，进一步激发学生学习兴趣，同时难度适中，避免产生畏难情绪。从授课效果看，两位老师在以上方面处理得都非常得当。

朱庆育教授所授"限制行为能力与法律行为效力"源自其《民法总论》教科书第 8 章第 20 节第 5 部分，授课风格沉稳柔和，主要通过援引本国法探讨自由与管制、催告与撤销的一般规则，循循善诱地引导学生得出或接受相对合理的解释方案，与书中解释论的文风一脉相承。不同的是，朱老师的授课并未像其书中那样过多地谈及与德国法的比较及其展开，这样的处理是比较适宜的。本科生当然要知其然，也要在一定程度上知其所以然，至于所以然背后究竟是基于何种比较法上的理论和实践支撑的，这并不一定是本科阶段就需要解决的任务，可指导学有余力的学生进行课外拓展阅读。在使用朱老师的这本“法研教科书”时，我时常唯恐自己陷入过于庞杂的理论出现让学生无法理解和接受的局面，此次朱老师亲自示范，使我今后在内容的取舍方面有了一定参考。

孙鹏教授所授“违反强制性规定法律行为的效力”是其多年来致力于研究这一问题的浓缩展示，导师李开国先生早年称赞他“文才、口才俱佳”“所到之处听众交口称赞，名声与日俱增”，〔1〕这次有幸近距离领略到传说中孙老师激情澎湃、醍醐灌顶般的授课风格，不禁酣畅淋漓、意犹未尽、欲罢不能，无疑在丰富知识。反思这个问题的讲授，多数老师至多停留在立法变迁的梳理和相关例子的列举上，而孙老师不仅对现有法律的处理方式形成了规律总结，还通过前期收集的300多份判决完成了裁判立场上的全面布局，最后落脚于这一问题思维范式的抽象，大开大合，收放自如，教研相长，功力了得。需要指出的是，本部分主要是孙老师个人研究成果的集中呈现，事实上关于强制性规定的认定，最高人民法院《关于当前形势下审理民商事合同纠纷案件若干问题的指导意见》（法发〔2009〕40号）第16条曾有过原则性规定，〔2〕PPT中也应列举并阐述，作为与个人观点的呼应。进一步的追问是，PPT中选取的案例从案号判断基本都发生在2009年以后，司法

〔1〕　孙鹏：《合同法热点问题研究》，群众出版社2001年版，“序”。

〔2〕　最高人民法院《关于当前形势下审理民商事合同纠纷案件若干问题的指导意见》第16条规定：“人民法院应当综合法律法规的意旨，权衡相互冲突的权益，诸如权益的种类、交易安全以及其所规制的对象等，综合认定强制性规定的类型。如果强制性规范规制的是合同行为本身即只要该合同行为发生即绝对地损害国家利益或者社会公共利益的，人民法院应当认定合同无效。如果强制性规定规制的是当事人的‘市场准入’资格而非某种类型的合同行为，或者规制的是某种合同的履行行为而非某类合同行为，人民法院对于此类合同效力的认定，应当慎重把握，必要时应当征求相关立法部门的意见或者请示上级人民法院。”

实践对该规定的适用是如何把握的，特别是 2010 年指导案例制度推行后，涉及强制性规定认定的多个指导案例是否支持授课观点，都可以继续深入研究。

二、案例课教学部分

作为一门实践性较强的学科，法学教育不仅仅传授法学知识，还肩负着培养学生掌握各类法律技能的重任，以期学生能够胜任未来的法律实务工作，在这样的情况下，案例教学就成为部门法导向实践性教学的不二选择。就我相对熟悉的行政法学科而言，自 2008 年判例研读沙龙在北京航空航天大学法学院首次起步以来，很多高校行政法学科都定期举办这种行政法案例研读沙龙，每期讨论一个行政法指导案例，基本流程是案例介绍、争点归纳、自由讨论、评议总结，但局限性也相当明显，有学者总结为重判决案例、轻非判决案例，重最高人民法院公布的各类典型行政案件、轻基层司法实践中发生的新型行政案件。[1] 近年来，这一现象似乎并没有多少改观。

与后发的行政法学相比，民法学的案例教学模式更为成熟。本环节的两个案例课教学展示都是依托德国的案例研习课模式，围绕请求权基础而展开的，给定材料并非司法真实案例，可以根据教学需要灵活地改变案件事实，学生课前做了大量准备工作，提交了高质量的作业。就课堂观感而言，金可可教授案例讨论课的流程与行政法案例研读沙龙基本一致，不同之处在于引进了助教制度引导学生讨论，大大减轻了教师负担；葛云松教授案例讨论课的对抗性更为强烈，教师对每位同学的作业情况都了如指掌，随着讨论的推进适时向特定同学抛出问题，在思想碰撞中可能会得到意想不到的答案。尽管现场大一、大二的学生初学民法，可能对理论、法条还不是特别熟悉，交锋的味道淡了些，但也不必苛责，长期坚持下去，必能充分训练学生的文献检索、文字处理和解决实际问题的能力，这是应当充分肯定的地方。

必须直面的是，德国开设案例研习课的初衷是着眼于国家司法考试的训练，但就我国来说，尽管 2018 年改革后的统一法律职业资格考试已经举行，但主观题的命题方式总体上依然沿袭“只求结果，不计论证”的传统套

---

〔1〕 参见章志远：《行政法案例研究方法之反思》，载《法学研究》2012 年第 4 期。

路，那么我们不禁要问，学生在校园花费大量精力和时间修成的本领，最后会不会成为“屠龙之术”？令人欣慰的是，每逢个别重点大学期末考试结束，我们总可以在公众号上看到趣味横生的大篇幅案例，这无疑是一些敢于“吃螃蟹”的教师进行的大胆尝试。当然，法律职业资格考试由于限制了法学本科或非法学从事法律工作满 3 年的报名条件，在逐渐完成“老人老办法、新人新办法”的过渡后，我们有理由期待案例题的分值比重会越来越高，倘若真能设计出“甲是否可以向乙主张××请求权”的系列推理命题来，无疑对我国法学本科教育具有指导意义。

三、大班互动式教学部分

所谓“互动式教学”，教师摒弃了传统“满堂灌”的方式，以问题带动学生思考，在教师的启发下由学生自行得出答案，如此循环往复，直至抽丝剥茧地完成教学全部内容。所谓“大班”，意图使更多的学生融入变被动为主动，至于人数不宜过多，像很多高校的合班教学形式，动辄几个班挤在200—300 人的大教室，“合班互动式教学”很难搞得起来，因此我认为这种“大班”最好还是控制在一个班不超过 60 人，在普通教室分成若干组，可以适当调整桌椅摆放（如呈 U 字形），便于教师更深入地走入他们中间。

茅少伟助理教授的授课围绕意思表示瑕疵之一的欺诈展开，课前学生已充分阅读了两本教材的三节内容，两个最高人民法院指导案例，以及相关法条，因此授课一上来就可以直接以新的案例导入，第一个商品买卖合同纠纷案例主要功能是讨论欺诈的构成要件及其与“错误”概念的辨析，第二个凶宅买卖合同纠纷案例主要讨论的是欺诈的意义及其类型，以及“未予披露”相关信息对认定欺诈的影响，通过师生之间的来回问答，应掌握的知识内容在层层推进中逐渐显现。令我印象深刻的是，尽管选取的案例是源自《人民法院案例选》，但茅老师还是能够引导学生发现判决书中关于芬迪公司错误行为说理的不尽一致之处，进而展开一连串的追问，这个环节我们往往有可能只会关注论证的焦点与结论，殊不知“魔鬼”就在细节中。

方斯远副教授关于民法渊源三阶层的讨论，着重探讨了习惯和司法解释作为法源的发现问题。以对《民法总则》第 10 条的“习惯”的理解为例，他通过法律文本的问题提炼、争议观点梳理、习惯法与事实上的习惯构成要件的比较、立法原意的求证,形成若干中间结论,对未解决的问题继续寻求法律体系和比较法上的支撑,得出将“习惯”解释为“事实上的习惯”的最终结论并设计开放性的问题证明或证伪,意味着思考无止境。在余同学提交的长达53页的《民事习惯司法适用的文献综述》PDF文档中,我们惊讶于一个循着教师思路的优秀本科生如此认真的治学态度,有生如此,夫复何求?对此提出两点商榷:一是习惯是否作为法源的问题不仅仅要看民法学界的观点,法理学界的观点不可忽视,文中只引述谢晖教授一家之言,并不全面,比如刘作翔教授就曾围绕习惯发表过多篇文章,今年还专门发文批判民法学界将习惯视为法源的误用现象,[1]这一观点无论是否认同,都应当予以澄清。二是《民法总则》第10条没有像我国台湾地区那样规定“法理”,方老师在PPT中引述梁慧星先生的话“考虑到将来还有司法解释、指导性案例”,然后基于司法解释三阶段展开讨论,抛开前述刘作翔教授是否支持习惯是法源的观点不谈,如果连司法解释、指导性案例都没有,又去哪发现法源呢?法理当然可以进行法律漏洞的填补与法律续造,但这里事实上已经进入了法官运用民法基本原则裁判的领域,王轶教授是不主张本条写入“法理”的,甚至认为没有写入“习惯”也不妨碍法官运用民法基本原则这个“马甲”进行裁判,至于法官去参考学说还是域外制度,将其归拢在法理还是民法基本原则之下仅仅是名义上的差异,而不是立法技术上的差异。[2]

以上是我的一点拙见。正如开班启事中所言:“一个携手共进的教学共同体,已经是中国法学教育界迫在眉睫的重任。”本次首届全国法学教育师资研修班的成功举办,无疑为这一教学共同体的建立打下了第一根坚实的桩基。当我们未来感慨中国的法学教育犹如江海般澎湃时,或许会无比怀念当年秋日下北大法学院流淌出的第一缕清泉。

感谢北大法学院,期待来年有机会重温这份美好。

---

[1] 参见刘作翔:《“法源”的误用——关于法律渊源的理性思考》,载《法律科学(西北政法大学学报)》2019年第3期。

[2] 参见王轶:《〈民法总则〉法律技术与价值判断分析——根据王轶教授讲座录音整理》,载《东南法学》2017年第2期。

关于法学教学的几点思考

西北政法大学民商法学院 王丽美

我参加北京大学法学院举办的首届全国法学教育师资研修班——民法教学方法:基础课与案例课的培训(以下简称培训会),全面见识了当下中国民法学教育的名师名家诠释法学教育理念及课堂教学方法,受益匪浅,同时引发我对法学教学以下几点不成熟的思考。

一、教学是法学教师工作之本

众所周知,高校教师的两大任务——教学和科研。在当下,科研已被强调到至高无上的地位,各种教育评估、各类人才评价、各级职称晋升等,无不突出科研之核心指标。围绕这些指标,高校教师也不得不将自己的主要精力、时间投入科研,形成目前一般教师,尤其是青年教师的科研与教学时间投入比为7:3,甚至8:2的局面。这也形成很多学生对老师的质疑或诟病:“老师都去哪儿了?除上课之外,几乎见不到老师……”其实,教师把教学以外的全部时间都投入了科研。这本无可厚非,毕竟评价体系使然,职称考核使然……但究竟社会科学的科学研究对社会文明的推进有多大?据美国学者研究表明,全世界产出数以亿计的论文,每篇论文除作者之外的平均阅读人数是3.5人(包括编辑、审稿人2人),即一篇论文,除去作者、编辑、审稿人等强相关人外,平均影响的弱相关人(读者)为1.5。换言之,除少数传世之作影响深远外,绝大多数论文少人理会,甚至无人问津。同理,就法学专业来说,并不否认少数学者型、专家型教师科研硕果累累,对于推进中国法治建言献策,作出了卓越的贡献;但正如英国法学家奥斯丁所言,“法律是主权者的命令”,对于大多数法学教师来说,自己付出大量精力、时间完成并发表的呕心沥血之作,往往难被中国的立法、司法、执法等各个国家机构采纳,从而对当下中国法治建设的直接影响亦微乎其微。

与之形成鲜明对比的是,法学教师的教学工作,对己来说只是自己工作的一部分,但就是这部分工作,直接面对至少一个班的学生,包括本科生和硕士研究生,法学本科生一般45人左右为一个自然班(大型法学院合班上课学生人数过百);法学硕士研究生按专业方向划分,一般在10人左右(民商法学、经济法学、刑法学等热门方向人数更多);换言之,法学教师的每堂课均影响数以十计甚至百计的学生,远远大于一篇论文的影响人数;同时,教师将自己的法治信仰、毕生修为传授给现在课堂的学生,而这些学生可能就是未来的立法者、司法者、执法者之一,未来他(她)将教师的法治思想、法学知识运用到自己的工作中,则中国法治建设未来可期!正如培训会上崔建远教授说,他的一位学生任职最高人民法院,主要负责司法解释,他询问学生如何做司法解释,学生回复温习、理解崔老师课堂上所讲述的笔记是完成司法解释的基础之一。这一实例也客观说明了绝大部分法学教师对中国法治建设的最大贡献是甘当学生的铺路石,脚踏实地做好法学教学工作,为中国法治建设培养人才。故法学教学工作意义深远,应是法学教师工作之本,值得每位教师投入更多的精力、时间不断提升自己的教学水平。

二、法学教学共同体之建构

在培训会闭幕致辞时,车浩教授特别提及法学“教学共同体”的建构理念,自己深以为然。法学教学对于中国法治建设未来举足轻重,然而,当下人才评价体系、优秀科研成果评价体系、平台评价体系和机构评价体系四大评价体系,无一不以科研为“指挥棒”,教师作为高校之一员,不论科学与否,不得不按照“指挥棒”努力耕耘,故形成了各级各类“学术共同体”,标志性的体现就是对全国期刊做了CSSCI来源期刊(以下简称C刊)、中文核心期刊(以下简称北核)认定与划分。就法学来说,法学创新网又在C刊基础上界定了CLSCI来源期刊(以下简称法C),每年对来自“五院四系+清华大学法学院”10家单位进行统计评价,故对各教师的评价、定讲师职称以北核起步,升副教授以C刊起步,评教授以法C起步;对法学院的评价则C刊标配……学术共同体影响之强大,足以让教师倾尽全部心血。然而,科研与教学本是教师工作的全部,在时间精力固化的前提下,两者的投入必然是此消彼长的关系,在“学术共同体”的强大影响之下,在“科研指挥棒”的直接导引下,科研成为教师第一要务,教学次之,忙时请助教代替自己上课之事也屡见不鲜。

北大法学院恰逢其时，强调教学为本，力争形成法学"教学共同体"，推动全国法学教师首先达成共识，教学至关重要，不仅仅是一件讲"情怀"的"良心活儿"，还是关系中国法治人才培养、关乎中国法治建设未来的关键所在。个人管见，"教学共同体"可在以下几个方面有所作为：

（一）凝聚共识

在一线教师形成广泛共识之后，教学共同体更重要的任务是自下而上不断推进学院、学校甚至教育行政部门对于教学的高度重视、形成共识、抱团取暖；力促"教学"成为人才评价、考核考评、职称晋升等关键指标，大力推广类似本次培训会金可可教授介绍的华政优待教师进行法学案例教学的政策，如案例教学的1课时可抵5计划学时、助教专项经费支持、有一定数量的案例教学课时在年终考核时可抵1篇C刊论文等，即确认教学是法学教师之本，教学是对教师考评的"硬通货"，如目前年终考评时，通过一般高校单项替代，即科研分值可替代教学分值；未来期待实现双向替代，教学分值亦可替代科研分值，让广大青年教师安心站稳三尺讲台，教书育人为先，培养人才为要；与此同时十年磨一剑，真正出法学科研精品，而非年年磨一把"匕首"。

（二）示范教学

法学教学共同体在凝聚共识的基础上，以提高法学教学质量为目标，实质推进教学改革及教学实践，这也仰赖于像北京大学法学院、中国人民大学法学院、中南财经政法大学法学院、西南政法大学等先进先行先试，探索法学人才的科学培养方法，如中国人民大学法学院组织的法学教育中的案例教学研讨会；中南财经政法大学法学院、西南政法大学等面向全国法科学子开设鉴定式案例分析暑期班等都是有益的教学实践探索；尤其是科学设计每一门法学课程的教学方法，如北京大学法学院此次民法学师资培训会，全国教学大咖云集、群贤毕至，有突出民法教学特色及经验的老师现场示范，来自全国各地民法教师观摩学习，现场汲取先进教师的教学经验，实时反思自己教学中的短板，是一种极佳的教学体验，同时也可在未来教学中改进方法、提高水平。

（三）协同创新

“教学共同体”形成的关键是能否像“学术共同体”一样，形成一套科学的教学方法和衡量体系。在先进法学院、优秀教师先行先试的基础上，法学教学共同体总结经验、大力推广，让法学教学改革的“星星之火”形成燎原之势，如德国鉴定式案例教学方法以结果为导向，倒推找到解决问题的请求权基础，同时抽丝剥茧、条分缕析地将案例事实“解剖”，并按照规定步骤一一涵摄（归入），把各种可能性一网打尽，逻辑缜密、循序渐进地得出科学结论，是一种形成法学规范思维的有效方法，但设计合适案例是其中难点，可通过全国师资整合协同创新，突破教学设计“瓶颈”，全力实现此方法在全国法学教育中的广泛应用，进而形成科学的人才培养机制。同时，教学共同体力促未来法学教学形成与学术共同体的科研衡量体系相媲美的专家评价体系，实质推进中国法治人才的培养水平上一个新台阶。

综上所述，中国法治建设依靠法治人才，法治人才的培养依靠法学教学，法学教学的中坚力量是教师，故法学教师实质是肩负中国法治建设人才培养的关键所在，教学是法学教师工作之本，法学教学共同体的构建也必将大力推进中国法学教育，推进中国法治建设。

最后，特别感谢北京大学法学院教学至达、兼济天下，搭建这个公益平台，为我提供了学习、观摩全国优秀民法教师现场教学的宝贵的机会，这场头脑风暴的教学盛会，让自己开阔眼界、充分见识了当下中国民法教学“大观园”的“奢华”与“美好”！我必以所学精进教学，为中国法治人才培养竭尽绵薄之力。

关于首届全国法学教育师资研修班的几点体会

浙江工商大学法学院　季若望

金秋九月的第一周，我有幸参加了首届全国法学教育师资研修班，会议的议程安排非常紧凑，但也因此收获颇丰。在短短两日的研讨中，既有资深教师的经验分享，也有青年教师的课堂展示，可谓精彩纷呈，令我受益良多。

在课程的研讨中,针对大家提及的教学疑难与困境探讨,我也有一些自己不成熟的浅见,具体如下:

一、关于课前的准备——让学生提前做好阅读的问题

受限于课堂的时长,老师于课堂上教授的部分往往极为有限。当老师想把自己的所学倾囊相授时,往往无法做到全部输出,只能是选取精华部分。因此,若是老师想让学生尽可能地对全盘课程有所把握时,往往需要学生课前与课后的配合。其中,课前的准备部分甚为重要。美国的法学院普遍采取让学生课前做好阅读工作,上课后直接进入案例的探讨,以便能够深入地分析案件,引导学生的思维,深度掌握知识点的运用。这一方法事实上可以充分运用到我们的课堂教学中,让学生通过预习给定的章节与案例来体会课上知识点的重点与难点。如此一来,同学们就会带着预习时的疑问来到课堂,在授课的过程中时刻保持思考,从而提高授课的效率与价值。同时,同学们在预习过知识点的基础上来听课,会提出更多问题,从而对老师的授课提出更高的要求,因为老师不再是单纯的知识输出者,而是学生的引导者,乃至与学生平等(学术探讨意义上)的思考者。但此时会出现两个令人思考的问题:其一,学生是否会愿意做好课前准备?其二,学生是否有能力做好预习工作?

在第一点上,我在正式授课以前颇有疑问,因为以我个人经历而言,就读过的法学院的授课模式似乎都不要求学生做好提前预习工作。因此,如果真的要求学生预习,到底能在多大程度上得到学生的配合与反馈?在会议上,我曾就这点疑问向茅少伟老师请教,得到的回答核心大意是,学生的预习一方面需要老师的任务分配,另一方面需要课堂上的抽查,让学生在上课之时随时面临回答问题的压力,从而促使其做好预习工作。我觉得这一点是非常值得借鉴的,学生在授课之初很可能并不习惯这种授课模式,但通过一段时间的培养,一旦形成习惯,就会带来良性循环,从而给师生双方带来帮助。当然,这种模式一定程度上依赖于学生的自觉性与自学能力,在不同的法学院中可能效果会差异较大,但以个人浅见,即使只有一部分同学能够学会这种预习式的自学模式,那对于老师而言也是值得积极准备的动力。

在第二点上,我也赞同茅少伟老师的观点,即不要认为本科生的理解能力和实际操作能力会弱于研究生。实际上恰恰相反,本科生由于处于人一生中大脑最活跃、精力最旺盛的阶段,他们对知识的接受力和理解力处于最强的阶段,同时也具备最强的可塑性。我在第一次授课之时就尝试着让大三的学生做英文判例的研读与展示,结果同学们的展示成果非常成功,大大出乎我的意料。也正是他们的展示,让我相信本科生的能力与潜力都非常巨大。作为教育工作者,我们有时候要充分信任学生,还要给他们施加一定程度的压力,促使他们成长起来。

二、关于上课的模式

(一)采取授课式还是互动式

在上课的模式上,我认为一般存在授课式与互动式两种方式。前者主要以老师的授课(输出)为主,其优点是老师的授课思路清晰完整,配合PPT等多媒体能够给学生一种完整、顺畅的授课体验,但缺点是由于缺乏与学生的互动,无法及时感知学生的疑惑所在,从而导致授课内容的进度与学生掌握的进度之间存在差距;而后者主要以老师的设问式授课模式为主,通常以案例引入,通过对案情的分析导出问题,并在与学生互动的基础上通过不断的发问,来引导学生一步步进入深度思考。这种模式的优点是学生的参与度高,自学积极性强,而且会逐步培养出学生的自主思维能力,但缺点是课程进度的把握上因学生而异,同时对老师的授课能力会有更高的要求,因为其随时需要面对学生突如其来的疑问,没有充分的课前准备是无法做到发挥自如的。

就我作为学生及老师双重身份的体验与试验中,我觉得互动式的教学模式是更为妥适的。一方面,这种教学模式能够充分调动学生的学习积极性,让授课的价值能够得到最大程度的体现;另一方面,老师也能在不断与学生互动的过程中,实时了解学生的疑惑之处,以便调整自己的教学进度与方式。更重要的是,在这种互动式的教学模式中,老师往往能从学生的回答中获得新的视角,因为思想的交流永远是 $1+1>2$ 的,从而真正实现教学相长。

（二）在发散性的思维基础上，是否需要预设答案

在前述的互动式的教学模式中，老师的思维和学生的思维都应当是发散式、开放式的，所以其中就必然存在一个问题：所有课上讨论的问题是否需要一个预设答案？在这个问题上，茅少伟老师认为，预设答案本来不应当存在，但是为了照顾学生的理解与复习消化，会在课程的最后进行一个适当的总结。

本人认为，互动式的教学模式中，对于预设答案的设置应当非常谨慎。由于课上给定的案例通常都是浓缩简化以后的法律关系，因此在诸多细节方面并不详细。但正是细节的差异，决定了结论的差异。例如，在意思表示中的欺诈问题中，故意隐瞒事实这项要求的构成，在案件中的认定就颇为困难。“故意”的认定、“隐瞒”的认定和可构成的“事实”的范围都需要主观判断，而这种主观的判断恰恰就是来自案例中给定的材料。因此，案例语焉不详或未经斟酌的部分，常常会在很大程度上产生争议。本人认为，这种争议恰恰是学生思考的核心关键，正是对于空白部分的适当补足可以区分出不同类型的欺诈认定结果，也正是这种差异能让学生深刻地体会到法学知识运用的精妙之处。

当然，现实中的情况往往并非如此简单。比如在与毕潇潇老师的探讨中，她就提出，在与不同老师合作上拼盘课的过程当中，由于不同老师的授课风格不同，若其将开放式的结论留给学生，可能使学生的考试分数不理想。针对这种情况，我们就只能因地制宜，适当地设置一些预设答案了。

（三）怎样适当的举例，是以假设案例居多还是实际案例居多

上课时，老师若能在理论探讨中穿插案例，或者以案例为引讲述理论，都会对学生的理解提供较大的帮助，但如何适当地举例却是一个难题。以笔者短暂的教学经历而言，假设案例与实际案例不可偏废，假设案例的设置有利于学生理解一些较为难懂的知识点。在授课的过程中，若能适当举出假设案例，乃至贴近生活、与时事相关的案例，一方面能够帮助学生快速理解知识点，另一方面也能充分引发其兴趣，调动其上课的积极性，从而引起学生的深度思考。例如，在讲解买卖合同的时候，我通常会将交易的标的物设置为学生较为感兴趣的。

而实际案例的设置,通常应当是在学生对理论知识有一定程度的掌握之后,用于检验学生的学习成果,锻炼其实际运用能力而设置的。此时,需要老师引导学生逐步从案件中提取法律事实,剖析法律关系,学会如何解决实际问题。

三、关于课后的反馈

(一)培养学生的兴趣点

课堂的结束并非知识传授的结束,课后的延展恰恰是知识传授的关键所在。课程上的讲解很多时候只是为了给学生铺开知识面,让其了解该知识点的内涵及外延。只有在充分理解的基础上,学生才会继续思考,并进而对自己感兴趣的点深入了解。此时,老师需要做的就是充分引导学生的思维模式,让学生学会研究的基本范式,包括文献的检索模式,论文的基本撰写思维以及思考问题的范式。

(二)课程答疑

在课程答疑方面,本人认为,一方面,老师应当在自身时间允许的情况下尽可能实时为学生答疑,从而能够保持其学习的积极性与自主探索性。但这种答案,并非事无巨细,而应当是引导学生学会通过查阅著作、论文、案例等资料来解决问题的能力。另一方面,老师应当注意在学术交流中,不宜对不确定的问题作出回答,应当查证后进行解答,防止学生的思维受到误导。

四、关于课程以外的问题

以上都是我对课堂教学本身的一些个人浅见。本人认为,法学教育的问题并不仅仅存在于教育之内,更多的时候存在于教育之外,这也是为何此次研修班的举办公告看来颇有"热血气质"的原因。我曾撰写过一篇教改论文(未公开),如今观点并无更改,引用部分如下:

申言之,综观我国的法学教育,目前主要存在以下几个方面的问题:

1.师资力量参差不齐,断层现象严重,青年教师缺乏经验。

一方面,法学教师缺少实际教学经验。法学专业学生主要还是从课堂教学中获取知识,了解法学理论基础知识,虽然智能终端的普及为学生提供了新的学习渠道,但课堂教学质量依旧决定着学生的学习效果。目前,高校法学理论教师多数都是从学校毕业后直接从事教学,教学实践经验较少,基本上课堂教学都是照本宣科,没有深入把知识进行归纳与总结,使得法学理论教育的实践性较少,基本都是以理论化与书本化教学为主,使得课堂气氛枯燥,学生学习积极性不足。[1]

另一方面,教学内容传统。法学理论教学内容十分丰富,不仅包含了大量的条例与法律法规,还有很多概念性的知识,这门学科知识的学习比较枯燥,难度较大。所以,法学教育中教师按照课本知识讲解就会压抑学生学习积极性,长此以往会使得学生失去兴趣,严重影响课堂教学效果和学生学习效率。就现阶段高校理论基础教学中,教师还是采用传统教育模式,教学方法过于单一,且内容书本化,难以调动学生学习的积极性。教学中重视学生技能教育,忽略了学生法律素质教育,素质教育与法律基础在高校教育中存在较大偏差,不利于培养学生职业素养和综合素质。尤其是教师在教学中更加注重学生考试分数,没有从学生能力与素质入手进行综合性考核,难以促进学生全面发展。[2]

2. 青年教师普遍压力较大,科研与教学难以两全。

现在各高校对于本科生课堂的审查不可谓不严苛,从课堂督导抽查、期中作业批改抽查到期末的试卷分析总结,看起来似乎对本科生的课程质量有着不可或缺的保证作用。实际上,这些工作的实施,很大程度上增加了青年教师的负担,反而压制了他们上课的积极性与创造性。除此之外,青年教师一般都肩负了较重的科研任务,甚至于大多数院校都采纳了"非升即走"的培养模式,以科研任务为衡量标准。在这种体系的重压之下,青年教师为了保全一份教职,自然会将主要精力放在科研之上,而被迫忽略了教学环节。

其实教学制度的核心是人才。只有教师全身心投入教学工作中去,真正设身处地以学生为中心,考虑教学手段和方法,才能真正实现良好的授课效果。但正如上文所言,青年教师的束缚太多,在背负沉重的科研压力的同时,可能还负有繁重的行政事务。此外,课程的各种监督措施又让他们疲于

[1] 参见郭莉:《高校法学理论教学存在的问题及对策》,载《产业与科技论坛》2019年第9期。
[2] 参见郭莉:《高校法学理论教学存在的问题及对策》,载《产业与科技论坛》2019年第9期。

奔命。因此，本来应当成为教育的有生力量和新生血液的青年教师，往往是制度设计的最大受害者。如果不能通过合理的制度设计，给青年教师减负和解绑，法学的教育工作将陷入“青黄不接、不进反退”的尴尬局面。研讨会上，金可可老师曾提出增加案例研讨课设置的课时问题，我觉得这一方案可扩展到其他可适用的课程上，从而充分调动青年教师的积极性。

3. 课程缺乏理论与实务的有效结合。

现在设置的法学课程中，从课程名称上来看，以学说理论为主的课程和以司法实务为主的课程都已均匀分布，看似十分合理。实质上，在实际的教学过程中，理论与实务的脱节现象十分严重。一方面，大多数教师偏重学说理论的探讨，却往往缺乏实务探讨，尤其是案例探讨以我国法院判例为主，导致学生缺乏实例训练，纸上谈兵的现象屡见不鲜；但另一方面，尽管有很多教师开始注意到这一点并转向案例研讨，尤其是兼做律师业务或者聘任律师的教师，却有不少走向了另一个极端，课程上完全以案例为线索，只谈实务中的操作路径，却对法律关系不加剖析，导致学生在理论深度和广度上大有欠缺。这两种路径均有可取之处，但亦有诟病之处。真正适宜的做法毋宁于慎重考虑教学模式，合理分配理论与实务的教学比重。

以上是我对本次研讨会的一些体会和不成熟的浅见，希望能与诸位探讨，谢谢！

学生研修体会精选

首届北京大学师资研修班研修报告

暨南大学　林裕皓

时值金秋九月，京城已有一丝凉意。放眼望向城内，似乎车水马龙依旧、人潮仍旧熙攘，然其中凝滞之意却不可避免地昭示着凛冬将至。我国法学教育亦是如此：大江南北，多少法学院校、多少法学教师以及多少法科学子，早已不可计数，而看似蓬勃发展的法学教育事业却囿于“繁而不荣”的困境，教学方法各异、教学质量参差不齐以及层出不穷的各类培养方案，不仅为法学教学共同体的构建之路平添许多障碍，更是为未来学界始终不能在同一话语体系中进行交流与研讨埋下了伏笔。有鉴于此，北京大学法学院勇挑学界重担、积极承担名校责任，以一己之力促成首届全国法学教育师资研修班“民法教学方法：基础课与案例课”于北京大学法学院凯原楼报告厅成功举办。笔者有幸参与其中听讲，故现应参课约定，结合心得体会，作此文如下。

一、研修班主干内容回忆与评价

开幕致辞讫后，研修班随即依照议程进入各单元发言与授课。

第一单元中，杨立新教授、刘凯湘教授和李永军教授先后发言，三人就法学教育观点大抵如下：(1)杨立新教授指出，囿于本科教育对写作课的忽视，法科学子普遍存在阅读与写作两项短板，具体表现为资料掌握不足以及写作能力差，并最终反映为科研能力的缺乏。他认为，相应解决问题的举措则是法学院培养人才时应当重视写作课，导师应当自觉承担培养学生阅读与写作能力的任务,为学生提供阅读和研究范围、编写范文以及建议导师要求新生入学之际就其感兴趣之领域完成一篇文章并以此为基础检验学生的科研能力,选拔有潜质的学生辅以“开小灶”式手把手教育。(2)刘凯湘教授则从强调民法教师的“授课激情”出发,建议教师应当重点琢磨“内容与形式”、“原理与规则”和“传道与授业”三个层次的问题,结合个人教学经验,对民法教育应有之义作了提纲挈领的感悟分享。(3)李永军教授则通过分享真实的“教学生活”,结合其对中国政法大学教学改革之体会,建议法学教师应当集体备课、教学立场应当倾向于“本土化”,以及表达了其对盲目推崇“标新立异”研究风气的反思和对于以真实判例为本科案例教学资料主体的反对。

听罢三位专家学者发言,本人颇有感想,有评价与思考如下:(1)强调阅读与写作两项能力之培养,已属老生常谈却常谈常新,可见问题之严峻情况与棘手程度。结合自身于民法总论课程之经历,私以为,杨老之言业已提供一妥当且可操作性较高之方案。(2)刘凯湘教授之观点对于民法教学而言更近似于“价值观”“教育精神”等宏观层面进行引导,虽与设计具体教学方案之关联度较小,但却道出了教学改革之痛点——法学教师应当以何种态度对待教学,对此笔者深以为然,愿与会教师听之信之,时刻琢磨教学方法与内容的安排。(3)李永军教授更多则是分享了具体的经验与体会,值得借鉴与学习,但其中“集体备课”之举措对于某些法学教师人数少且彼此间在年龄、水平以及教学态度等方面均有差异的院校而言,可复制性偏低。

第二单元中,朱庆育教授与孙鹏教授分别就“限制行为能力与法律行为效力”和“违反强制性规定法律行为的效力”作基础课教学展示,系二位教授就特定内容于课堂讲授时的实况重演。

考虑到本届师资研修班的主旨系对民法教学方法之探讨,故下文暂且搁置对于具体课程内容的评价,只就教学方法与形式作一些反馈。教学形式上,二位老师风格迥异:前者的授课有如太极掌法般绵密悠长,从民法基础课知识点出发,追踪至我国实证法上具体制度,而后充分结合自身思考,就其中个别构成要件与法律效果进行诱导式发问,进而于解答问题过程中运用利益衡量、价值判断以及其他法学方法论对具体制度的条文作出非常有力的解释和说理,完美地实现了"从制度到原理"的教学效果,同时亦展现了"问题意识"之于民法学习的重要性;而后者的授课则如少林武功般迅捷刚猛,授课伊始便以激情澎湃、错落有致的语言就违法行为效力的立法变迁进行了梳理,随后的授课过程中,孙鹏教授沿袭开场风格、一鼓作气地就规律范围、裁判立场和思维范式三方面内容进行了狂风骤雨式的知识输出,知识点与知识点之间跳跃非常迅速,信息量颇大,课堂效率高。在教学方法上,二位教授均注重对具体知识点的追根问底,也都对现行制度和相应原理作出了详尽的讲授,略有不同之处则为:(1)教学效果上:朱庆育教授于授课过程中更类似于"引导者"的角色,重视用户体验,侧重于在解决环环相扣的问题锁链过程中启发学生思考问题、消化结论,节奏拿捏得当,不仅授课效果良好,讲授过程中还将自身思维方式一展无遗,对于学生问题意识与科研能力之养成大有裨益。而孙鹏教授于授课过程中则更近似于"统治者"的角色,课程内容有如泄洪一般瞬间将学生包围,节奏紧张、大量信息纷至沓来,学生不得有丝毫放松,有助于维持长时间的积极的课堂学习态度,然而管见以为,考虑到"民法总论"课程主要受众为低年级法科学生,如此高频率、高强度的授课方式难免略失妥当。故笔者建议,采朱庆育老师式讲授方法系效果斐然且妥当之方案。(2)教案材料上:朱庆育教授于课程内容中,并未引用杜撰案例或者真实判例进行原理和制度的讲解,如此便有可能使得学生观察与思考制度之视角以课程内容为限;而孙鹏教授则立足于三百余件判例基础之上制作教案,如此一来,在使其结论更富有说服力之余,亦能够为学生打开观察实证法制度的"新世界大门"。或有论者言此举非为师者本分,"目光往返于判例与制度之间"实为一项学习习惯,属方法引导问题,而判例收集之工作应由学生自主完成。而笔者认为,民法教师常年沉浸于科研和教学工作之中,本就对于相关问题有着雄厚的资料积累,而法科学子(尤其是低年级学生)不仅时间和精力常常为其他课程所分散,对于与具体知识点关联度高的判例检索和识别能力更是非常有限,如此观之,笔者建议民法教师有义务亦有责任在教案材料上细心琢磨,提供尽可能丰富且相关度高的研习资料。

与第二单元类似,第三单元中,金可可教授和葛云松教授分别以"书画风波案”和“侵占邻地案”为例，充分展现了各自院校就民法案例研习课的讲授过程。概括而言，金可可教授的授课过程大致可分为如下几个步骤：(1)依据助教人数，划分不同小组并由助教引导进行讨论；(2)经小组讨论得出争议问题与法律争点并提交授课教师；(3)授课教师针对问题进行讲解以及对全案作分析报告。而葛云松教授则以学生课前完成的案例分析作业为基础，在对每份作业均作详细批改的情况下，采“苏格拉底式”问答教学方法，针对每位学生于作业中反映出的问题进行提问，同时引导其他同学对该问题进行讨论，最终得出结论。总的来说，两位教授于案例研习课讲授内容而言，大体相似，均以提出问题和回应问题的方式得出最终案件结论。略有不同之处在于，金可可教授要求学生作案例分析之前须有一简明提纲，且详细分析、说理过程亦有步骤定式，对于以分析框架等形式要件为重、以限制思维无序扩张为目的的案例研习报告训练来说，或许可以取得更为突出的教学效果；而葛云松教授对每一份作业均作详细批改且指明具体问题之教学态度令人敬佩，然念其工作量非一般民法教师可承受之重，故可复制性较低，笔者亦不主张此举为所有案例研习课教学所采，但是在条件允许的情况下，这一方法会最大程度地实现案例研习课所欲达成的教学效果。

第四单元中，茅少伟助理教授与方斯远副教授分别以“意思表示瑕疵：欺诈”和“民法渊源：法的发现三阶层”为主题进行了大班互动式民法教学方法展示。二位老师授课内容与形式，与第二单元“民法基础课教学方法展示与研讨”相差不大，故相应的建议也大抵如前文所述。值得一提的是，笔者曾于大学一年级在方斯远副教授指导下完成相应的文献综述训练，故下文希望能结合自身经历与体会，就方斯远副教授的“民法总论”课程进行评价并提出相应的建议。

方斯远副教授的“民法总论”课程与一般“民法总论”课程不同，重视对学生的方法引导和问题意识的提炼，并通过相应的训练(如文献综述写作)得以实现。概括而言，以笔者课程经历为例，文献综述的写作过程包含如下几个步骤：(1)基于课程内容的学习发现相应的问题；(2)对特定问题进行文献检索、筛选文献；(3)通读、理解文献内容并制作思维导图；(4)在第3步的基础上，有体系地进行文献综述的写作。就笔者看来，这一过程不仅使得全无基础的法科学生学会如何去发现相应的问题、如何去理解相应的问题,怎样在前人的基础上归纳、提出相应的结论,而且还能同步锻炼学生检索文献的能力、培养学生阅读和识别优质文献的能力、制作思维导图的能力以及写作能力。由此观之,文献综述的训练于一法科新人成长而言实在是功莫大焉,故笔者极力推荐文献综述训练课程于各法学院校中悉数开设。

二、些许不成熟的建议

本人于本次研修班中不仅有幸领略各家教学之所长,更从其中得见未来努力之方向,受益匪浅,由衷感谢!得此善缘,故深感有责任与义务就本届研修班提出些许建议,以期使其臻于至善,得飨后来学员,不失参班之约。然囿于学识尚浅,个中建议难免幼稚与浅薄,还望指正。

1.“大班互动式民法教学方法展示与研讨”环节之去留问题

如前所述,管见以为,无论内容抑或形式方面,该单元实与基础课教学展示相去不远,就此角度观之,确无设置之必要。如以“大班”“互动式教学”为其辩护,则应当讨论此二者是否应单独成一单元的问题。首先,以本次研修班“大班互动式民法教学方法展示与研讨”环节课程内容为例,二位老师讲授内容均以基础课为主,在此基础之上,区分大班教育或小班教育有何实益?无非系学生人数之差异可能会对整体教学效果产生影响,而这与“教学方法与教学效果之间关系”一题却毫不相干,但对这一议题的讨论却是本次研修班应有之义。其次,“互动式教学”一词旨在强调教师如何调动学生参与课堂积极性进而实时反馈教学效果,系涉及教学形式之问题,可经由会议期间其他环节中的讨论予以解决。

综上所述,将该环节移出研修班议程安排,不仅不会令研修班于内容完满性上留有遗憾,还会使得会议进程显得更为从容或者为其他环节腾出相应的空间。

2.关于扩充“民法基础课教学方法展示与研讨”之建议

就本人而言,若论哪一环节收获至丰,则莫过于第二单元“民法基础课教学方法展示与研讨”。首先,民法教学的效果如何,私以为很大程度上与民法基础课程的讲授方法和讲授内容密切相关,盖因民法基础理论以及相应的法学方法论,系解决民法问题的根本工具。可以说,一所不能于民法基础课程上取得良好教学效果的法学院,亦绝无可能于案例研习课程或是培养实务能力课程等方面取得多么良好的效果。其次,民法基础课系全国六百余所法学院校均会开设之课程,反观案例研习课或是其他形式课程却未必能得出同样的结论。因此,该环节所展示的方法与经验是可以为与会教师复制到其自身法学院的。此外,在基础课教学趋同一致、臻于完善的基础上,再来讨论案例研习课程的教授方法或者构建法学教育共同体的目标,才是有对话基础、有可能实现的。最后,加之众多与会师生平日囿于院校限制,苦于不能接触一流法学院校的课程实在久矣,既然研修班本就以公益为目的、以传授方法为己任,有条件的情况下可允许特邀嘉宾尽情展示其课程内容与讲授风格,或许能收获许多"原来应当这般讲(学)"之感慨。

如研修班得以延长日程,则不妨将"民法基础课教学方法展示与研讨"一单元予以扩充,由各特邀嘉宾就"民法总论"课程内容分专题进行讲授,权衡考虑议程紧张与展示内容两方因素后,建议划分专题如下:(1)民法概论;(2)民事主体;(3)民事法律行为;(4)代理;(5)时效。其中"民法概论"一专题可重点讲解民法渊源、民法原则以及民事法律关系三部分内容,而其他专题内容详略安排则全凭特邀嘉宾依据时间自行选择为宜。

三、结语

行文至此,不自觉研修报告已近尾声。

同时拙文囿于笔者才疏学浅、写作匆忙等因素,不乏主观臆断之结论以致个中观点或有可商之处。即便如此,全文也不失为真情实感之流露,幼稚与无理之言还望得到阅者海涵。

研 修 体 会

西北政法大学　计承启

在返程途中我收到北京大学法学院会务组的邮件,言辞即为亲和恳切,希望我们与会的学生谈一谈各自的研修体会。授课的几位教师俱是民法学者之翘楚,精心准备的课堂内容更是令我受用不尽。此次有幸忝列研修班其中，已出意外，又何敢臧否师长？但研修体会是入班前便允诺会务组诸师兄之事，故我斗胆撰文以叙所感。

一、教师的姿态

（一）幕后

相信与会者皆有此感：第二日的互动式课堂别出机杼、耳目一新。茅少伟老师的授课环节形式兼采西方苏格拉底诘问法，内容则深入至披露信息与欺诈之关系，可谓之“尽美矣，又尽善也”。如斯课堂，如饮佳酿。但与会者亦将有此感：互动式课堂对教师对学生都是一场高难度挑战。

对教师之难，在于虽立于教台之上，却要隐身于幕布之后。事实上，尽管少伟老师日月入怀、萧萧肃肃，挥舞着看不见的“指挥棒”引领学生思绪起伏，实际上却是力图隐身幕后，使学生成为课堂的主角。学生辩驳甚至师生辩驳，使学生自发地“从特殊到一般”而进行归纳。例如，少伟老师提问：“何以买卖古董不求披露信息，买卖地产则要求披露信息？”我以为是因为古董等流通较不动产更为便捷，因此人们对于其披露信息之要求较低。但少伟老师遂追问：“我若买一处地产作投资之用，嗣其涨价便售出，是否又有告知义务？”昱池同学则敏锐地捕捉到此应与信息公开有关，并非所有信息都应当公开。此时少伟老师恰到好处一收，对刚刚的发言进行收敛总结。

自由讨论环节少伟老师谈及他在日常教学课堂中甚至要隐藏自己心中的预设答案。即使学生回答与其预设答案暗合，亦要诘问一番。此正为可见功力处。聪明的学生自可根据老师的言谈举止揣摩出老师的心意。有时学生并非太过愚笨而无法思考，恰是学生太过聪明而省去了思索的过程。假若老师仅因学生的“射幸行为”而误认为达到了课堂效果，于是顺理成章地推进下去，恐怕就失去了互动式课堂激发学生思考的真味所在。正如《红楼梦》未完，因此一代代学者会投身其中，逐字逐句分析人物命运。若是甫一出版即是全本，又何以会有今日红学之昌盛？是故，一方面教师要尽量避免暴露预设答案，引导学生思考探索；另一方面要以必要的诘问为手段以排除学生偶然射中靶心的猜测之答。

对学生之难，在于课前准备与归纳能力。若无充分的课前准备，则难以跟上老师思维的步伐。课前准备与归纳的另一重要意义，在于建立法学知识的体系结构。我以为互动式教学对于学生掌握精深的法学概念有所裨益,学生主动进行对比与归纳,远胜于传统民法教育教师灌输知识,但课堂上一个又一个的诘问,更似对散点的思考。学生浸润在互动式教学之中时也要提防知识结构的碎片化。

(二)台前

以我所在的西北政法大学为例,一堂课学生120人是为常态,30人一堂的课可谓是“撞了大运”。此尚对学生素质优劣不作置评。对于课前准备有所要求的互动式教学于此恐怕要折戟沉沙,但教师的使命或许又要求其“知其不可而为之”,在有限的环境下尽自己可能传道授业、教书育人。朱庆育老师与孙鹏老师负责基础课之授课,其授课情形也更近乎传统法学院授课情形,对于传统政法院校也更有借鉴之意义。在互动式教学、小班化课堂日渐引以为共识的今日,教师论道乎杏坛之上,仍有其独特价值。

教师延续传统的主导地位授课,对于其法学功底、个人魅力自是有所要求。恰如车浩老师的闭幕致辞所言:“一个教师勤于学问上的思考,不断钻研专业上的前沿问题,才能真正地驾驭课堂。”孙鹏老师高爽迈出、汪洋恣意,慷慨有古贤人风的背后,是为一堂课检索几百个案例的认真准备。朱庆育老师温润恬和、洮洮清便,自问自答引导学生思绪的背后,则是对德国法的探微赜奥。朱庆育老师的教学有两点值得一窥。其一,坚持基于法律的文义解释。当下我国实证法体系紊乱,竟有同一对象受《民法通则》《民法总则》《合同法》三者规范之现象。此时此刻学生所需要的绝非“德国如何英美如何”再把中国批判一顿,而是立足于我国法律文本之解读。通过对词义的限缩解释或扩张解释,以期实现法律规范之统一。其二,若欲掌握如此解释能力,对学生的文字功底自是有所要求。然而当前法学教育过分注重法律技能的培训反而忽视了法律与人文之联系,不少人文字功底极不扎实。朱庆育老师的授课或许亦有引导学生注意自身阅读、写作能力之效。

(三)舞台与幕布之交界

当前北京大学、华东政法大学等院校大胆尝试,积极探索有关请求权基础的案例研习课范式。不过就大部分法学院校而论,以请求权基础为主导方法的案例研习课仍然是一门令师生皆感陌生棘手的课程。案例研习课繁重细密的备课准备，单凭借某校一两位有意变革该校课程的老师恐怕力有不逮。金可可老师则在示范课上提供了解决之道，即引入学生助教以弥补老师精力时间之不足。我认为引入学生助教自有另一裨益之处，即学生助教于课堂之上能更好地促进同学交流发言，盖因师兄弟间较师徒间更易亲近之故。课程的前半段，由助教引导学生，相互辩驳以实现互动式教学之效果；课程的后半段，由老师归纳总结，以实现传统基础课之效果。案例研习课程的老师实则处于舞台与幕布的交界地带，又是另一种姿态。

二、对主办方的建议

（一）案例研习课程固定学生讨论环节

由于议程之设置，授课时间紧凑，同学间未能在课堂上充分交换意见的确是一种遗憾。事实上在开课之前同学间私底下曾就2017级案例作业简单交换过意见，有人认为请求权基础应适用《物权法》第35条，但反对者认为该条的构成要件要求是“占有以外方法的妨害”；又有同学认为应适用《物权法》第36条，但异见者认为占用土地建楼不足以称为“毁损”。上述意见正误暂且不论，但我认为若能将这样的讨论进行公开展示，更有利于老师及助教了解学生对于知识的掌握程度以及后续教学的方向所在。学生讨论这一环节的增设不但能展示学生风采，或许也更贴近日常授课之情况。研修班虽冠名为“师资”，却也是全国法学高校学生间难得的一次面对面交流的机会。学生间充分的交流讨论亦有助于与会学生认识己身不足并拓宽眼界。

（二）互动式教学展示增设学生展示环节

在教学课程的设置上，我们能够感受到主办方用心之良苦——几乎每一类型课程都安排了两位风格迥异的名师。在互动式教学展示中，少伟老师是与全体学生“互动”，展现的可谓是教学“广度”；方斯远老师则以优秀学生为示范，展示了一名优秀本科生所能达到的“深度”。由于课程时间的限制，两位同学只能择其简要处进行分享，令我们台下的同学直呼意犹未尽。既为互动式教学，我们也希望能看到方斯远老师是如何循循善诱，引导、规范学生钻研至如此深度之过程。据我所知，部分法学老师为迂回学校既定培养方案之僵化，以读书会等“第二课堂”的小班化形式进行理想的教育试点。那么对于这部分老师而言,方斯远老师指导两位同学的过程与教育经验就十分具有借鉴意义。或许师生联手打造的课堂在下一届师资研修班中,将呈现异样光彩。

尽管此次研修班只有短短的一日半,如白驹过隙,但在这一日半中,燕园葳蕤蓊郁,名师高才大学,同学携手并肩,都给我留下了极深的印象。今日又逢教师节,谨以此文表达对于朱庆育、孙鹏、金可可、葛云松、茅少伟、方斯远等授课教师的感激之情,也感谢北京大学法学院为我们提供如此珍贵之契机。衷心祝愿全国法学教育师资研修班越办越好!

群贤毕至,百家争鸣

中国人民大学　谭耀淇

以"民法教学方法:基础课与案例课"为主题的首届全国法学教育师资研修班于9月5日落下了帷幕。本次研修班可谓是"群贤毕至,少长咸集",坐在台下的我们也得以借此机会感受老中青三代民法人间的思想碰撞。而正如刘凯湘老师所说,法学教学需要处理好"形式与内容"、"原理与规则"以及"传道与授业"三组关系。在让学生受益的前提下,上台展示的各位老师教学风格各异,对于上述关系的处理有所不同,呈现出百家争鸣之态。作为学生,我从中收获很多,有一些个人的看法,也希望能借此机会向老师们表达,其中不妥之处还望老师们海涵。

一、民法教学的形式与内容

民法教学的形式与内容可谓是本次研修班各展示课程的重点。事实上,基础课、案例课以及互动课三类课程的划分就是教学形式与内容的划分。基础课以基本原理和实证法规则为基本教学内容,以老师主讲、穿插案例、兼顾提问讨论的启发式教学为形式;案例课以案例分析方法为基本教学内容,以学生课下练习、老师课上点评讲解为形式;互动课则以某一概念或原理的深入解析为教学内容,以学生讨论、老师引导为形式。上台展示的诸位老师大体均按照上述教学形式和内容进行课程教授,但不同的老师间仍存在不少细节上的差异,具体如下所述。

在基础课展示教学中,朱庆育老师和孙鹏老师为我们展示了两场风格迥异但又富于共性的基础课教学。二位老师虽以不同的问题为讲授内容,但其教学内容仍具有共性,也即二位老师均以实证法为核心,均是通过类型化的方式向同学们展示基础概念和基本原理。此外,二位老师也均未局限于已有的实证法律和学说,都在教学之中加入了自身对规则的独到见解。但在形式方面,二位老师却有一定的不同,朱老师更为和风细雨,而孙老师则更具排山倒海之势,引用的相关司法案例和条文也更多。二位老师的不同教学形式没有高下之分,而碍于教学场所和教学时间有限,两位老师的很多教学辅助方法想必也未能完全展现出来。就我个人的想法而言,朱老师和风细雨般的教学风格或需要关注台下学生注意力不集中的问题,而孙老师排山倒海般的教学则或许更需要注重学生思路的连贯性。前者是因为语气的平和以及长时间的讲授很容易导致学生神游天外,后者则是因为过于激情澎湃的教学在吸引学生注意力的同时,也容易打断学生自觉不自觉的思考,而短时间内大量实证法规范及案例的引入也容易使刚入门的学生晕头转向。上述这些小问题大多可以通过课前提供预习材料,或课后印发讲义、演示文稿等方式加以解决,故在完整的教学之中或许也不会成为阻碍学生接受理解知识的问题。

在案例课展示教学中,金可可老师和葛云松老师也各自进行了极富个人特色的案例课教学。恰如张家勇老师所说,案例课教学的目标是让学生学会“如何以有效之规范推导妥当之结论”,金老师和葛老师均为这一目标事先安排了恰当的教学内容,但其中存在的差异也十分明显。金可可老师的教学内容侧重于案例分析框架的传授,无论是课下的练习还是课上的讲解,金老师均强调分析框架和基本写作格式的应用。葛云松老师的教学虽也强调分析框架的应用,但讲解的重点相对更倾向于诉讼之中可能发生争议的焦点问题。简言之,金老师的课堂教学更加注重分析和写作格式的规范统一性,葛老师则更注重在恰当框架的设问下深入讨论案件争点。这一不同或许与二位老师所在院校对案例课程的定位不同有关。在形式方面,二位老师也各有其独特的教学风格。金老师在课上特意安排了助教组织讨论，并让小组依次陈述焦点问题；而葛云松老师也通过有针对性的点名提问迅速了解同学们对于案例分析框架的基本看法，并点出其中存在的问题以方便之后的讨论，使讨论能建立在对框架结构的共识之上。二位老师的这些工作除了有助于明晰问题、厘清分析脉络外，其作用或还在于提高教学效率。通过解决作为讨论基础的分析框架问题、厘清需讨论的争议点，老师和我们才有可能在极其有限的时间内完成教学计划。

在互动式教学展示之中，茅少伟老师和方斯远老师则为我们带来两场别开生面的互动式教学课。在教学内容方面，茅少伟老师侧重于概念及原理的正当性论证和深层次解析；方斯远老师则尝试在讲解基础性理论问题的同时，通过课程传授基本的学术研究方法。在教学形式方面，茅少伟老师以提问的形式引导学生作出步步深入的分析论证；方斯远老师则通过让学生撰写和陈述报告的形式验证学生对知识的掌握。二位老师的教学内容和教学形式对培养学生的思辨能力和分析论证能力大有助益，但其最大问题或仍在于如何借助有限的时间完成基本的教学计划。虽然茅少伟老师认为课上对学生回答进行及时打断和正确引导足以保障教学计划的顺利进行，课下印发的讲义也可以保证知识讲授的全面性，但我仍对此抱有一定的疑问。诚然，课堂时间的不足很大程度上缘于学生课下花的时间不够，但即便学生课下进行了预习，任一法律问题也都有其无限展开的可能，对每一概念都给予如此多的讨论时间似不大可行。而且，互动讨论课相对于传统基础课而言，在系统性方面存在不足，天马行空的讨论很多时候并不能使学生的思维连贯地进行下去，也很难使问题朝明晰化、精简化的方向发展。我认为，互动讨论课或更适于在学生业已掌握相关基础知识的前提下，让学生通过讨论突破成见，发现新的解释路径，实现锻炼学生的思辨能力和分析论证能力的培养目标。

民法老师各有其擅长的领域，也各有其习惯的教学风格，但不同课堂的学生需要从老师处学习的知识和方法却是相通的，老师们的教学形式需要服务于教学内容，而教学内容则要根据学生所应掌握的知识方法进行设计。我们不能指望借助一门课程解决所有问题，而只能通过合理地设置课程结构、赋予每一课程恰当的定位，使得民法课程体系能有机结合起来，协同完成对学生的培养。

二、民法的原理与规则

民法原理与实证法规则是每一法科学生所必须掌握的内容,且也是课堂教学的重点。在本次研修班中,每一位发言或展示的老师都以不同形式向我们讲述了实证法规则及其背后的基本原理的重要性。然而,恰如孙鹏老师所展示的那样,所谓的"实证法规则"或许不仅仅存在于法律文本之中,其或还存在于我国丰富多样的司法判决之中。

诚然,我国并非判例法国家,并无遵循先例的硬性要求,但司法判决所展现出的共性规律却也无疑值得我们重视。事实上,已有的司法判决很多时候会作为"事实的法"约束着实务的进行。老师们在教学过程中所举的案例大多是为了方便讲解知识而有意设计的,这意味这些案例是"生于原理和法律文本"的,而孙鹏老师的课堂则向我们展示了原理与规则结合的另一种进路,也即从有效司法判决之中提炼出司法实务界对某一文本、某一原理、某一概念的理解,并以此为基础构建出新的知识结构传授给学生。当然,在教学中适用该种方法很多时候也必须建立在现有研究的基础之上,仅为了课堂教学便要求老师们承担如此繁重的收集整理工作不具可行性,但这依旧给了我们启示——民法教学或许可以给予真实司法判决更多的关注,让学生既知悉纸面上的法,也了解行动中的法。

三、对研修班继续开展的建议

本次研修班最大的遗憾或许便在于其时间太过短暂,老师们的教学大多也只展露了冰山一角,我也仅能从短暂的授课中稍稍感受老师们希望传授给我们的价值观。也正因此,我无法在此对"传道与授业"这组关系有太多的议论。在此,我也希望能向主办本次研修班的北京大学法学院提出一些建议,并希望这些建议能有助于下一次师资研修班的开展。

首先,研修班或可考虑邀请参与教学展示的老师在其授课班级录制课程视频,与现场教学展示相结合,发挥更好的效果。本次研修班虽邀请了来自各大法学院的老师进行教学展示,但老师们终究不是面对自己的学生进行授课,对学生的知识结构和性格特点没有准确的把握,也缺乏相应的感情关系基础,故教学展示终究会有些束手束脚。若能让参加的老师们在旁听现场教学展示外，以观看视频等形式感受展示教学的老师在其所在院校的真实课堂教学，想必研修班的效果将发挥得更好。

其次，研修班的活动时间或还需要进行一定的扩充。相对于其他学科，民法的教义学研究较为成熟，其体系架构较为清晰，学生对知识的掌握也相对更好。在此情况下，研修班用于教学展示的时间尚且如此紧张，若以其他学科教学为主题，时间或许会更加不够。因此，下届研修班或还需要在时间方面进行调整，也需对于展示课程的授课内容进行一定的优化以确保展示的完整性。

最后，研修班也是一种课程，其以各位年轻的大学老师为教学对象，若能向参与学习的老师们提供相关纸质“讲义”，想必能更好地传播教学方法。教学形式、教学内容以及讲授技巧等能通过各位老师的授课进行展示，但教学目标和教学大纲的安排则似乎更适合用纸面的形式传达给各位老师。倘若参与学习的老师能借研修班了解经验更为丰富的老师们对以学期为单位的教学的整体安排，了解各大院校民法课程体系的架构、各课程的定位和教学目标，研修班交流教学方法的目标也能更好地实现。

当然，上述建议的实施都需要耗费大量的人力物力，我在此的言论或也不具可行性，故也仅希望能给老师们一些参考。

四、感谢与期望

本次“群贤毕至，百家争鸣”的研修班终究还是落下了帷幕，依依不舍之际我也希望能表达自己的感激之情和对未来的期望。北京大学法学院愿意搭建平台以供全国高校法学教师和学生一同交流实乃北京大学法学院敢为人先、勇于承担的历史使命感和社会责任感的体现，而诸位老师能在百忙之中前来讲授交流自己的教学经验也展现了老师们甘为人梯的高尚情操。我借本次研修班获得了知识，也有了许多知识以外的收获，这都有赖于各位老师的倾囊相授，也有赖于北京大学法学院慷慨给予我的学习机会。正值教师节，也请允许我在此向台上台下的各位老师们道一声节日快乐！

台上激情澎湃的老师和台下才思敏捷的同学们也都让我期待着法学教育的光明未来。在教学改革的浪潮之下，北京大学法学院、中国人民大学法学院等全国各大法学院都展开了各自的改革，通过开设新型课程、创立新型制度、推广新型课堂等方式对各自的教学模式进行优化，取得了令人瞩目的成就。也正是因为有各位老师的努力，理想的法学教育在不久的将来或许便不再只是理想。作为初入法学殿堂的学生，我祝愿各位老师们多年的付出能最终结出硕果，也祝愿法学教育应有的样子最终能展现在所有老师和法科学子们的眼前。

中国法学教育应有的风貌：教师务实敬业，学生勤思善践

——对潘院长提问的试答

对外经济贸易大学　沈新航

在本次研修班开幕式上，北京大学法学院的潘剑锋院长提出了一个问题：中国的法学教育应该是什么样子？该问题简短而不简单，正是对全国万千法学师生心中长期存在困惑的总结，值得深思。

我很荣幸作为学生代表，全程参与了这一天半充实而精彩的课程。我发现，研修班的诸多细节中反映着该问题可能的答案。在此，我就自己的所见所闻以及基于此的所思所想，尝试着对该问题作出自己的回答。由于教育涉及教师与学生两方主体，忽略对任何一方的观察，都无法准确认识其真实状况。因此，以下从教师和学生两个角度进行回答。

一、中国法学教师应有的风貌

本次研修班名师云集，各位老师在发言、评议或教学展示中，将中国法学教师应有的优良风貌展示得淋漓尽致。在此，我将此种风貌概括为如下两点：

（一）务实

1. 法教义学的立场

本次研修班的共识之一就是法学教育应当立足一国的制定法，基于法教义学的立场展开。例如，崔建远教授秉持中庸思想，主张客观对待我国的制定法，对于合理的规范，教师应当注重其解释适用，并且尽可能促成通说。

而对于不那么理想的规范，不应当一味批判，而首先应通过解释的方法，基于法的基本理念尽可能朝着理想的方向解读，并在实践中贯彻合理的解释结果。只有在竭尽所有解释方法仍不能得出合理结果时，才应当考虑重新立法的问题。朱庆育教授在教学展示中，紧密围绕着《民法总则》等制定法，采用句意整体分析、单个词义解读、体系归纳、历史比较、利益衡量等方法，在指出制定法表述缺陷的基础上，给出了解释论的改善方案，令人领略到法教义学之魅力。刘凯湘教授在晚间学术论坛结尾作出“尊重民法典，依靠民法典；跳出民法典，超越民法典”的提议，也意在强调未来“民法典时代”的学术和教学应以法教义学为主流。

而案例课的展示则更加直接体现了老师们对于制定法的重视：葛云松教授在授课中便多次纠正学生运用抽象的基本原则或者任选学理观点来支持自己见解的错误做法，强调结论得出的依据必须是具体规则，而规则首先应当去制定法中检索。金可可教授则在其课前给出的解题示范各个构成要件后以括号形式标出精确的法律、司法解释条文序号乃至款项，以表明其规范来源。

法教义学的立场是法学教师务实风貌的体现之一，因为制定法乃一国法秩序之基，所以围绕制定法展开教学活动，可谓是脚踏实地的做法。

2. 重视本土实务素材

李永军教授在发言中强调了本土资源的发掘问题。这一观点我十分赞同，继受法国家的法学研究和教学如果不重视本国规范、判例等本土资源的价值，则无异于域外资源的机械搬运工，难以满足本国法律适用活动之需求，难谓务实，还可能使一国学术丧失独立存在的价值，颇为尴尬。

在教学展示中，多位老师以其授课内容或授课方式体现他们的本土资源发掘意识。孙鹏教授展示的结论正是建立在对于大量法院判决书的实证类型化研究之上，全面翔实地反映了违法法律行为效力问题在我国司法实践中的现状。茅少伟老师直接采取中国司法案例切入核心话题“欺诈”，并以案情为媒介不断向学生提出问题，最后引出“违法性”的概念，使学生深刻体会到这一概念在欺诈构成的实务判断中的关键价值，犹如醍醐灌顶。方斯远老师在授课中大量引用我国的历史文件，全面展示出我国法源问题的历史变迁，为得出符合我国语境的结论奠定解释基础。

3. 注重共识性知识的讲授

薛军教授在晚间学术论坛总结中指出，课堂上的“法”是法学通说形成的第一步。常鹏翱教授在基础课评议环节也表示，教师在课堂教学中应当尽量传达一些已经达成共识的内容。对于两位教授的观点，我十分认同。本科生初入法学之门，在思想上还不成熟，辨别能力不强，此时教师在课堂上讲授的内容将作为其知识积累和观念形成的最主要泉源。若教师注重共识性知识的发掘并将其纳入教学，可以防止出自不同师门的一批批法律人毕业后各说各话的情形出现，从而助益通说形成。这样，司法上相同情形相同处理的概率就会逐渐增加，从而更加接近正义的目标，真正有利于法治社会的建设和健康运行，是为务实之举。

（二）敬业

1. 热爱法学，热爱教学

教师敬业的重要前提是“爱业”，且这种对事业的热爱则必然受到对学科热爱的影响。本次研修班中，有许多细节展现出各位老师对于教学工作发自内心的热爱。例如，刘凯湘教授主题发言的评议环节中，曾以讲授诉讼时效制度功能为例说明教师本人秉持正确理念之于教学的重要性。他指出，传统教科书中多称诉讼时效功能是督促当事人行使权利，这一解读是与民法权利保障理念相悖的。而符合这一理念的正确解读应该是：诉讼时效功能在于稳定法秩序。举例时，可以明显注意到刘老师提高了音量，加快了语速，仿佛正在教学，充满着激情。不管是在内容上，还是外在表现上，都能让人明显感觉到刘老师本人对于民法学的深度把握和热爱，对于民法教学的热情。

2. 用心负责

本次研修班最令我印象深刻的部分是葛云松教授在闭幕式之后为学生进行的“无因管理”。由于前一天教学展示环节时间有限，对于案件本身以及作业中的一些问题未能深入展开。在名义上，当预定的一个半小时经过后，葛老师的展示任务已经完成，对剩下内容他本不必牺牲休息时间再进行一次额外的集中授课。因此，我们对于老师的“加餐”先是惊讶，随后是满满的感动。葛老师的“加餐”内容丰富、重点突出且富有针对性:他先是以珠子和项链绳来巧妙比喻实体法知识与案例分析方法,指出正如项链之成功与否在于珠子而非绳子,请求权基础方法仅仅是一套串联分析者既有实体法知识的框架,实际分析效果如何,还是取决于实体法知识的掌握。借此,老师指出了我们的作业中暴露的共同问题,即对于一些实体法知识点的理解尚不到位。随后,老师又对于16份作业逐一作出指点以揭示个别存在的问题。例如,对于我的报告作业,老师指出我在第三阶段直接采用《民法总则》第6条进行抗辩,实质上是以经济考量来否定法律权利,不具规范上的正当性,从而启发我应当探寻法律上被封闭列举的抗辩权条款,在本案中即《合同法》第110条第2项,来论证前文已经发生的侵权行为损害赔偿请求权的实施发生障碍。葛老师的“无因管理”,反映出对学生细致的关爱,以及作为教师的用心和负责。这令人惊喜而又干货满满的一个多小时,可谓是本次研修班最令人感动的一段时间!

二、中国法学学生应有的风貌

本次研修班上,从身边众多优秀同学的优异表现中,我看到了中国法学学子应有的风貌,可以归纳为以下两点:

(一)勤思

学生不是教师授课内容的被动接收器,而是教育活动中的主体之一,具有主动性。这种主动性的体现之一就是勤于思考。好的法学教育应当引导学生思考,无须或者无法调动学生思考的教学就不是真正意义上的教育。在本次研修班中,茅少伟老师在授课过程中就案例对学生连续追问,方斯远老师引导学生问题意识,葛云松老师、金可可老师给出案例并设定问题让学生解答,朱庆育老师、孙鹏老师在课上展示利益衡量与案件类型化整理的两种思考方法,其目的都是引导学生自主思考,体现了老师们对于学生作为教育主体所具有的主动性的尊重。相应地,在老师们各有特色的教学引导下,同学们的主动性被充分激发,思维活跃,观点碰撞,这一点体现在茅少伟老师课上踊跃的发言上,体现在方斯远老师讲课完毕后两位暨南大学同学的精彩展示上,体现在会前提交的每一份用心完成的案例分析报告中。此种积极、自主思考的风貌,正是中国法学学子应有的样子。

（二）善践

善于实践所学也是学生作为教育主体的主动性之另一体现。对于法学学生来说，不具备纠纷解决能力者难谓合格。学生对学科内容的掌握，并不表现为其将每一个细节都背得滚瓜烂熟，而应当表现为在具体案例背景下能够运用所学合理解决之。在本次研修过程中，通过阅读其他同学书写的案例研习报告，可以发现其中不乏请求权检视既全面又经济、构成要件内涵把握到位、涵摄过程论证严密、结论具有说服力者，恰好折射出他们深厚的实体法知识积淀和熟练的运用能力，这也是每位中国法学学子应当具备的风貌。

中国法学教育呈现的风貌，正取决于教师和学生所展现的风貌，当下和未来都是如此。只要每位教师、每位学生做到了其应有的风貌，中国的法学教育就会呈现出其应该有的风貌，从而在法治人才培养方面提交令人满意的答卷！

法学僧修行之路漫漫

暨南大学　余蔚琳

中国法学是什么样的？应该是什么样的？可以是什么样的？也许对于不同阶段不同领域的法律人都有不同的答案。作为一名法科生，一名初入法学之门的法律新鲜人，我也有自己的答案。感谢北京大学提供的宝贵机会，让我们能够听到法学界领航人们的答案，让我们能够与同龄的新鲜人相互分享自己的答案。在不同思想的交锋间，更感此路艰难，法学僧修行之路漫漫，生之有涯而学之无涯。以下是一名法律新鲜人对于上述问题作出的一份不成熟的答案。

一、中国法学是什么样的

（一）中国法学生是什么样的

我曾拜读过葛云松老师的一篇文章《法学教育的理想》，对里面的一段描述印象深刻，“学生从小就被要求而且只被要求对各种指定的知识了如指掌,而非批判性地理解知识以及创造新的知识"。在大学以前,对于学生学习能力的评价几乎只有一种——书面考试,诚然这是学习能力凭证之一,但训练的内容机械重复,记下答案的套路,将套路分类,对号入座,形式的外观完整胜于实质内容的严谨丰富。长期形成的思维习惯,使法学生似乎对未论证合理性便开始作答已习以为常,也难逃前期读书生涯带来的不良影响,故一下子要求法科生转换思维,火速变身成为逻辑严谨、能批判地理解和创新知识的法律人可谓不现实。

再者,初入大学的法科生对就业形势的严峻和就读的学科了解甚少,突然让其投入比高考更大强度的学习,往往从心理上不易被接受,这就造成学生不仅错过了纠正错误思维习惯的高中大学过渡期,而且错过了法学入门前期知识积累的黄金时期;学生确实需要对信息上的不对称负上大部分的责任,但或许若有师长们尽早的引导,相信几个年级下来,这种信息会逐渐成为一种共识,对法科生入门将是莫大的帮助。

全国有几百所开设法学专业的学校,法学生基数大,学生能力更是参差不齐,对于学习资料和学习方法的认识更是各不相同,而好坏则更是见仁见智,主观性极强;部分院校由于无法开设专业能力的培养课程,干脆将法考作为法科生能力评判的最佳标准,而法科生的能力不应限于法考,更不应限为一种最佳标准,毕竟法考是可以总结应试技巧的,是可以通过一段时间的恶补达成的。法科生一旦在入门时便立错目标,本科四年仍为一场考试而学习,大概毕业之时仍达不到法律人合格的水平,思维和入学时相比并无成长之处,我想,这大概是法学教育最不愿意看到的结果。

(二)中国法学院教授的课程是什么样的

限于课时因素,往往庞大的学科仅能通过压缩内容来完成,就授课者认为的重点来传授,或是匆匆过一遍知识点便完成一门课的教学;限于法学院的规模,大院难以兼顾每个人的学习情况,进行改革的难度大和可供改革的空间小,师资配备不足,学生选择权利小,无论是老师还是学生都处于被动的境地,老师任务重,改革积极性相应地被降低,改革的效果不明显且可推广性不强,故很难作出太大的改革;限于法学院校较多的现状,院校层次有高低,资源分配有区别,很难形成统一的一套规则标准,更难说全面推开外来模式如鉴定式的案例分析课程;限于考核方式的固化,以背诵为主的闭卷考试仍是课程结课的主要检验手段,当课程的目标被转为在一场可突击的考试中取得高分,那更难指望学生在应试外的课程中主动学习法律人的技能,故大多课程培养出来的仍是一群会考试的学生,而或许还配不上法科生这个名号;限于年轻授课老师自身科研任务重的现实情况,年轻老师往往是注入法学教育界的新鲜血液,本应是法学教育界激情和知识储备兼备的中坚力量,困于精力有限,其付出与回报产生成比的差距,往往全力投入教学的"青椒"还是少数,当他们的知识传授受到过多客观因素的限制,课程的质量当然难如预期一般,故学生可能由于与老师接触不深,更难对这个学科产生认同感,产生主动学习的欲望,课程中若老师和学生难成共同体,课程效果自然不言而喻。

(三)中国法学学科安排是什么样的

常年以来,涉及人文社科的讨论,总是会有通识教育与专业教育之争,法学作为人文社科类下的分支,也不例外。除了少数法学教育改革"领头羊"的院校,大多普通院校的法学教育多省略了前期通识教育阶段。在我看来,这是默认了法科生在大学入学前的18年,已经在一定程度上有经得起考验的通识积累,实际情况不然,缺乏常识仍然是我们大学生的一大致命痛点;而法律规则的形成往往是经过现实情况总结而成的结果,如果缺乏对生活现实的理解认知,对于规则的理解往往不够深刻且难以学以致用,故通识教育应是法学专业教育不可或缺的组成部分。

现实情况上,通识课程的安排流于形式,不仅对于法学学科的前期积累用处不大,还容易因精力的分散使学生对法学专业学习耕耘有限,得不偿失,往往效果不理想;通识课程的安排仍以闭卷考试的方式进行,为应试而学的动机仍是大多数学生的选择;通识课程的内容往往单一且高度理论化,对于学生而言遥不可及的感受十分强烈;通识课程的部分安排往往还具有很大的随意性,似乎是以"水课"、凑学分的面目展现给学生;学生能够在此过程中真正产生知识沉淀的,往往少之又少。故想真正达到补足常识、拓宽知识面的目的,现有的通识课程的改革之路仍然任重道远。

二、中国法学应该是什么样的以及可以是什么样的

(一)中国的法学生应该是什么样的以及可以是什么样的

法学生在进入法学这一学科开始,应该有较早的自我觉醒意识,试图脱离初高中形成的思考习惯,遇到问题不急着套前人的模式,而是主动寻找答案、发现答案、创造答案,真正地学会"参考答案"中的"参考"一词,形成自己经过思考论证的答案。

法学生在学习法学之时,应对知识始终保持渴求的态度,认真了解每一门法的体系,构建一个基本的知识架构,再细化每一部分,最后在每一门课中将其填充完整;前人的经验不尽有益,但作为参考对比,我们要承认这仍是有其存在的价值。再言,学习往往是自己的事,师长并无义务主动告知,自己应主动去请教询问,再经过思考,形成适合自己初步的计划。在初入法学之时,这或许是较有效率且易行的做法。

法学生在各自不同的法学院里学习,往往都不可避免地有着各自的局限,但信息网络的发达一定程度上能打破此类限制;丰富的网课资源、大咖讲座直播都给予了法科生了解校外世界的可能;经典的教科书、优质的期刊文章都给予了法科生巩固知识点和拓展知识面并进的机会;微信群聊的搭建和志同道合的人在一起讨论学习、分享心得也都给予了法科生之间形成联系的平台,从别人身上看到自己的不足,学到各家之长。其实大学更多的是提供一个发现知识的平台,而学习知识往往是个人自学修炼的过程,法学生或许应该跳出依靠课堂有限时间思考的圈子,尽早掌握自学的能力,尽早养成自学的习惯,尽早熟练自学的方法,才有可能对所学内容有真正通透的理解。

(二)中国法学院教授的课程应该是什么样的以及可以是什么样的

首先,既然课时所限是普遍问题,不妨尝试着在有限课时内做调整,课堂上以检验预习内容作为倒逼学生课前充分准备的手段,当学生形成一种习惯,自然会将预习当作课程的一部分,即是变相延长了这门课的课时,养成习惯便不会将预习当作一种负担来对待。此种方式利于老师课堂上有重点地讲解,而学习由于有预习的基础,理解上不会出现断裂,利于学生在课堂上有针对性反馈,逐层揭开问题的面纱,定会印象更加深刻。

其次,考核方式可以多样,平时分和考试分的占比可更灵活,不同课程的目标既然不同,考核的方式可按需调整,若拘泥于选择填空类,学生对知识点的掌握很容易就止步文义表面,考试应是一种方向的指引,告诉学生掌握程度到哪一层次,故考试的题型设置亦是教学目标引导的重要一环。例如,学生若是一开始知道会考法条分析,那在整学期的课程中,便会主动关注法条的分析思路,会尝试逐条地做分析练习。应试对学生生理、心理的影响尚未能完全消除之时,从内容开始调整或许是一种平衡,不失为一种过渡方式。

最后,科研和教学二者虽不是对立关系,但人的精力分配是现实问题。作为一名学生,我们不应该对老师要求得过高,期待知识全由老师灌输而得,应该去理解老师的不易,助教或是教学班的班长或都可作为推进教学的力量,高年级的学生可为低年级提供最新鲜的学习感受,给予下一级知识或是方法上的借鉴参考。高年级不必为此感到负担,因为在其低年级之时也曾受到学长们慷慨的分享;低年级不必感到自喜,因为在其高年级之后依然要承担起为低年级分享的责任。这不仅促进知识的学习,更有助于学院形成互助共同体和良好的风气,孤军奋战艰难且耗时,而若是以一个向上的整体作战,或能达成 1 +1 >2 的妙效。学生的好学也会使得老师更愿意倾注心血,且学生主动学习能够在很大程度上减轻老师的负担,老师减少了许多"说明义务",将时间放在具体知识的传授上,最后双方相处愉快,互不为负担,教学改革上或许才有前进的可能。

(三)中国法学院课程安排应该是什么样的以及可以是什么样的

通识教育的环节或许可以不以课程的方式进行,但凡带上些许强制色彩的常识输入,往往最终很可能变成背诵课。在我看来,学生对于老师的要求在升高,而对自己的要求却在降低,主动去了解方方面面知识是学生应该完成的,学生应自行组织读书打卡小团体、读书交流会,主动去蹭听其他学院的课程,主动与有经验的师长们沟通交流,多听听不同人对同一件事的看法,抽时间阅读一些精选公众号的文章,假期的学习之余读些杂书,动笔写写感悟,走向书桌之外的世界,看看社会百态等。这些都是可以通过日常去完成的,老师可以起到提示学生加强这方面积累的作用,或是就法律问题告知学生缺乏常识会导致怎样的偏差,但并不应由他们承担起传授通识的重任。成年人应该为自己负责,也有理由相信其有能力做到。

四年里,能留给专业课堂的时间已经不多,掌握各方面的知识应是一个人一辈子都应不间断完成的任务,故不必在四年里集中养成,既无可能弥补过去,更无可能对未来有益,毕竟非集中速成可成之事,无个人主观能动性为主导可谓终身难成。法学院不必苛责自己未有提供通识教育的条件,法科生在步入大学之日起本应学会主动学习和为自己负责,学院若能提供优质的专业教育已是尽了本分。

法律新鲜人仅触及法学之门一年,尚不敢说已经入门,故以上的内容尽显浅薄,粗略且显幼稚,思考不成熟之处还望真正的法律人批评指正。

三、一点感想

在北京大学学习的短短一天半,犹如大型粉丝见面会现场,内心的欣喜更是难以言表,切身体验了一番“偶像们”精彩各异的课堂讲授,课程的内容固然吸引我,老师们自身散发出来的人格光芒更令我印象深刻。细致体现在老师们从学生用户体验的角度去设计课程,设法让学生对于知识点有通透的理解;老师们为了能有良好的听课效果,采用表演式方式教授;老师们为了让学生们掌握一种案例分析方法,详细整理了模板以供参考,提供参考答案作对照等;这些让我真正感受到老师们传道授业解惑的诚心,其不愧于人民教师这个称号。

我曾认为,在稍显浮躁功利的社会大环境下,学生对基础知识、老师对教学方法投入精力似乎不是主流做法,学生更想一步跨越到实务操作当中,有的老师也认为课堂教学和实务不是一回事,何必花大功夫在授课上,学生以后自然会学到工作的技巧;但如果法学基础教育阶段不以培养出合格的法律人为目标,而是把责任推给社会,那上一代辛苦建设的成果和搭建的平台就会因为没有扎实功底的人才传承而发展不下去,或是步入工作岗位后,社会要花费更多的资源进行再培养。我想,对法学基础教育的轻视若如此持续,法学界可能会出现断层,重构是需要时间的,而实务是每时每刻发展着的,若没有基础支撑,如无源之水,很快面临枯竭。

在北京大学这短短一天半时间里,我的看法发生了些许改变。或许法学这一学科尚有很多不尽完善之处,但讲台上的老师们并未借此客观因素为自己不投入教学而开脱,而如勤恳的农民,在这片不算肥沃的土地上努力开拓、施肥、改造,并种上适合这片土地的苗,试验着等待发芽的一天。农民并没有因土地自身的限制而放弃耕耘,相似地,这一群为法学教育事业操碎心的老师们也没有因法学教育的现状而放弃探索,而是默默地努力着。我作为台下的学生实在感动,深知领航人的不易,也明白自己未来的路该往何方,我想作为学生至少应该学会给予老师更多的配合和理解,教学从来都不应只是老师自己的事。

或许改革之路很漫长、很艰难,而自称法学僧的我,更知修行之路漫漫,但经过北京大学这次难得的学习机会后,我不仅更加清晰前方的路该向何处去,且坚信法学教育改革的未来是充满希望的,法学领航人们已经作出了好的示范,而与会的学生老师也会把这种精神传遍中国法学界,相信法律人共同的努力之下,定有期待的结果出现。

师生共聚研民法　九月燕园再回首

吉林大学　陈笑薇

一、引言

还记得刚刚收到首届全国法学教育师资研修班邀请函时我心中雀跃、激动的心情,填写报名表时我是抱着试一试的心态参与的,心中并未抱多大的希望。其一因为时间紧张也没能找老师开推荐信,申请表也字数寥寥,其二我的民法课程成绩不算优越。所幸北京大学法学院本着“海纳百川,兼容并包”的精神,照顾地域、院系等因素,广泛录取,我才幸运地参与了本次课程,留下了这段难忘的经历。

在电脑前敲打,细细回忆,感叹这一天半的民法研修班过得如此之快,刚刚和新的伙伴们遇见、熟悉,便就面临告别。但这时光却又满满当当,回忆起来,开课前的作业撰写提交、和朋友们在未名湖畔的欢声笑语、“西政第一名嘴”孙鹏老师激情四射的民法课堂、葛云松老师紧张刺激的案例研习、民法诸学者对于“民法典时代”的畅想、各位老师之间的聊天打趣……种种人物、知识和场景，经过时间的打磨和沉淀，反而愈加鲜明地浮现在脑海中。

二、良师益友，启发民法学习新思路

茅少伟老师在会上的一席话大大地鼓励了我对于法学的热情，在讲民法方法论时，他语重心长地跟我们讲，不要过度地重视甚至过早地学习方法论，民法是从生活中来的，我们不要被法律规则框住而忽略了内心的真实判断。的确，法律常常被视为精英学科，有学科的“架子”，以至于我们学生都怕它、烦它、厌它，而忽略了它的生活性。如何提升民法学习的实用性、科学性、趣味性本就是我报名本次民法研修班的初衷。事实上在经过研修班的学习后，我确确实实在这一方面得到了很大的启发。总体而言，我对于民法学习有几点感悟，展开如下：

首先，要关注法律文本，不可囫囵吞枣、走马观花。例如，朱庆育老师的授课主题为“限制行为能力与法律行为效力”，在课堂上他仔细地辨析了法律条文“纯获利益的民事法律行为”中“纯”的含义，此处所指并非在结果上拿收益减去成本为正数即可，而是需要在做出行为时判断。判断的时间节点是非常重要的，因为从结果上判断则纠纷已经发生，此时再谈是否获利则对限制民事行为能力人保护不够。由此可见，法律条文用语之精妙。反观我在平日的法学学习中，法条基本不在手边，也很少认真研读。再如方斯远老师在其授课中谈到民法法律渊源之一的习惯法时指出，我国《民法总则》第10条所称的“可以适用习惯”，此处的习惯内涵究竟为何物，学者多有争议。方老师还邀请他的学生2018级的余同学向我们展示了她关于探究“习惯”内涵的文献综述。出于好奇和困惑，在老师的引导下，余同学以汪洋老师的“折中说”为基点，通过法院案例、学者观点等多层次，作出了一篇内容翔实的文献综述。在其展示过程中，我深感羞愧，作为比师妹高一级的2017级同学，我很少对法律条文研究得如此细致入微，大多一读即过，也并没有抱有问题意识去探究具体字词的含义。“见贤思齐焉”，如是也。

其次，要重视法教义学、运用法教义学。“法教义学”这个词我并不陌生，从大一法理课堂开始，它从未淡出过我的视野。但实际的学习中我却并未将其置于重要地位考量，以至于对于需改进的法律条文总是先想到如何修改,而非如何解释。李永军老师在发言中以"法教义学在基础教学与案例中的重要性"为主题,强调了法教义学的重要性以及法学教育中法教义学的缺失所带来的问题。大多数法学生的思考立场都是批判的,我们往往所视甚高,渴望去"造法",而不是去"用法"。在这次研修课程中,多位学者都强调了法律解释和适用的重要性,为我的学习思路提供了新的指引。

最后,要结合"输入"和"输出"两个方面。老师们指出,本科生最大的短板就是阅读和写作,最终导致老师辅导论文和本科生写论文时的巨大痛苦。我认为阅读和写作其实是法学学习的两个方面,都不可偏废。作为本科生,我们需要大量阅读文献,只有大量的"输入",才能造就良好的"输出",而"输出"也是检验"输入"效果的最好途径。我自身不太爱阅读,读一篇博士论文便已觉得非常费劲,如今一瞧,自身能力还需大大提升,唯有潜心阅读、敢啃大部头才能写出好的文章。

在研修班课余,我还和来自其他院校的法学生进行了一些交流。如在民法讲述方式上,各院校大多遵循了"由总到分"的结构,华东政法大学的尹同学告诉我,金可可老师在讲述民法总论时,便已经大量涉及合同法、物权法等分论的内容。我觉得这种方式很好,既能够增进我们对于民法总论的理解,也能够将总分更好地联系起来。我在学习民法总论的时候,感觉一知半解,只好老实地背了很多定义,但学习物权法、合同法时便已然忘记。除了法学学习之外,到场的法学生可谓是各怀绝技,社会实践、出国交流、模拟法庭、雅思托福、论文写作等,让我再次深刻地感受到"peer pressure"(同辈压力)。希望这压力会鞭策我进步,成为更好的自己。

三、民法展示课——基础课与案例课的精彩呈现

本次研修班共邀请六名老师授课,他们分别为北京大学的葛云松老师、西南政法大学的孙鹏老师、北京大学的茅少伟老师、南京大学的朱庆育老师、华东政法大学的金可可老师、暨南大学的方斯远老师。六名老师展示主题不同,授课形式也不同,讲课风格更是充满了鲜明的个人特色,但都令人意犹未尽,只叹时间匆匆,而无如坐针毡之感。下文仅挑选两名最让我印象深刻的老师写作。

(一)师者仁心,亲自批阅加指导

葛云松老师提前给我们布置了“侵占邻地案”的作业,作业提交后又亲自为我们批改。在案例研习课上,葛老师指出了我们一些较大的失误,如弄混法官习题和律师习题的答题要求,对不相干的请求权基础进行检索,对于排除妨害、恢复原状和返还原物辨析不清等。由于课堂时间有些紧张,葛老师还没有全部分析完便只能遗憾下课。让大家都很意外的是,在第二天全部课程结束后,葛老师突然留住了大家,说想给大家再讲解一下。

这份特殊的“加餐”持续了大概一个多小时,葛老师把所有人的作业逐一讲解,详细到某一句说理、论述。按照葛老师的比喻,结构是“线”,说理是“珍珠”,只有打磨好“珍珠”,并将其安置在“线”的正确位置上,才能完成一篇优秀的案例研习报告。这是我第一次写案例研习报告,不足之处有很多,葛老师并不尖锐,反而温和地指出问题,包容着我的错误。葛老师的学识、教导实在令我这个“临时学生”感动不已。

在葛老师的指点下,我逐渐明晰了案例研习报告的大致思路和正确结构,知道“珍珠”应该串在“线”的哪一位置。如对于外国法的援引,我将其单独列为一个部分,没有和中国法结合起来;再如对于请求权基础检索时我认为返还原物请求权可以成立,却在之后的论述中与此发生矛盾。除此之外,对于“珍珠”的打磨,想要掌握绝非一日之功,应当自我勉励,方可有所长进。

(二)案例随手拈来,课堂趣味十足

与葛老师和蔼的长者风范相比,茅少伟老师的年轻、睿智、活力亦让人印象深刻。在基础课上,茅老师选取了一个“凶宅买卖合同纠纷案”作为讨论对象来探究“消极性欺诈”的具体界定。在最高人民法院《关于贯彻执行〈中华人民共和国民法通则〉若干问题的意见(试行)》第68条中对于“消极性欺诈”仅有一句“故意隐瞒真实情况”,那么隐瞒怎样的信息应认定为欺诈呢?茅老师向我们抛出了问题。

很快有同学便举手进行回答,答案和我心中的基本一致,便是“对合同能否订立或者订立的条件产生实质性影响的信息”。茅老师随即举了一个例子,在买卖古玩的交易中,价格也会对交易产生实质性的影响,如若买方发现其真实价值,这时买方是否有披露义务?如果买方告知卖方该物件为古董,那卖方会愿意卖吗?这个问题一下推翻了之前的结论,迫使我们重新思考界定信息的规律。茅老师一步一步地发问,举了公司股权转让、学区房等例子,问题逐渐深入,我慢慢有了一些头绪。最终结论的得出建立在老师耐心的引导和生动例子的基础之上,更让我发现了法院判决说理的不足,即使是对于指导案例,也应当有自己的思考。

四、结语

民法学课程改革道阻且长,但我们可以看到各大法学院及其老师都已经行动起来且有了丰硕的成果,如金可可老师零几年即在华东政法大学开设案例研习课,十几年的探索积累成现在的宝贵经验;北京大学法学院的实践活动如法律诊所、案例研习等课程开展得如火如荼;茅少伟老师第一次开展互动式课堂时备课尤为漫长艰辛,现在则只需每年进行部分更新。作为学生,我们看到这样的课程改革是非常高兴的,因为我们才是课堂的直接受益者,而老师们也正是怀揣着对于学生的一片关爱才能披荆斩棘,一路坚持。我们无法想象他们克服了怎样的困难,顶着多大的压力,但他们都笑着说,“学生们都还挺喜欢的”。是啊,学生们对于课程的认可便是他们前进的最大动力。

刘凯湘老师说:“科研是老师的天分和努力造就的,教学则是老师的本分。”非常感谢这些奋斗在科研和教学一线的老师,用他们的青春推动了民法课堂更好的发展,带给了我们更好的课堂体验。

未来,因为有你们,民法学的课堂一定更加美妙!

闭幕词

车 浩

为了理想主义者不再孤单

各位老师、各位同学：

大家上午好！时间过得非常快。昨天早上我还站在这里主持开幕式，转眼之间就致闭幕词了。一天半的时间就这么过去了。人的一生有效的工作时间不过30多年，一天半的时间也就是1/7000。非常高兴，我们在座的所有人一起紧密地度过了各自人生工作旅途中的1/7000。这是值得纪念和珍惜的。

1/7000的时间虽然过得很快，但这一天半的内容非常丰富，节奏也是非常紧张的。有民法基础大课的讲授，有小班案例研习课的讨论，还有师生互动的现场教学，就连中午和晚上的时间都没有放过，见缝插针地安排了一个教学沙龙和学术论坛。可以说，如此紧张高密度的议程，在以往的会议或论坛中是很罕见的。

在座的130名老师和同学，都是从几百名报名参会者中遴选出来的，大家能够全程坚持下来，出色圆满地完成研修班的计划和任务就说明我们选人的眼光是成功的。因此，在会议结束之际，首先向大家表示祝贺！

这一天半的研修班听下来，我个人收益很多。可谓是每个村都有每个村的地道，各家有各家的高招。授课老师们充分展示了各自的教学风采。授课嘉宾之中，既有前辈大家，也有中坚力量和青年才俊。各位老师以赤子之心、同道之谊，将自己的教学经验和教学心得倾囊相授，令人钦佩、仰慕和感激。因此，我提议，让我们用热烈的掌声，向本次研修班的各位授课老师表示由衷的感谢！

作为一个教师，听了各位老师的授课，我对教学与科研的关系有了更深一层的感触，不揣简陋，说出来与诸位分享。

第一点感触是，以往我们经常会将教学与科研两者对立，形成紧张的取舍关系。但是，通过这次研修班的教学展示，我们会感受到一个教师只有勤于学问上的思考,不断钻研专业上的前沿问题,才能真正地驾驭课堂。

例如,在昨天的大课展示中,朱庆育老师和孙鹏老师关于民事法律行为的讲授,充分地展示了他们个人对于相关问题的独到见解。当朱庆育老师将《合同法》和《民法通则》相关条文的关系用一种体系解释的教义学方式娓娓道来时,当孙鹏老师充满激情地展示各个判例对于违反强制性规定法律行为的效力的立场时,他们脸上洋溢着或沉稳或澎湃的神情,这来自他们对相关问题的讲解有自己深入的思考和充分的自信。当金可可老师和葛云松老师在案例课上引导学生寻找问题点时,当茅少伟老师展示如何进行启发式教学时,当方斯远老师展示如何教会学生梳理文献时,我看到的不仅仅是这些老师在教学上的技巧,还有他们在专业上的造诣。反之,如果他们在课堂上只是娴熟地向学生兜售一些卑之无甚高论的、陈旧过时的、没有任何个人思考的内容,那么至少在这次研修班上,当他们面对这么多学界同仁来展示教学时,我相信,他们也不会讲得这么有底气。

因此,如果要问,一个教师投身教学的情怀来自哪里?一个教师在课堂上的激情出自何处?我个人觉得,可能至少有很大一部分,是来自他对于本专业学问的研究、思考和热爱。当一个人有了那些在科研上怡然自得的思考成果之后,他会很乐意并期待与他人交流,会想尽各种教学方法在课堂上与学生分享,才会去追求和享受到得英才而育之的快乐。很难想象的是,一个教师几十年如一日守着本专业已经陈旧的知识体系,不愿去了解和钻研本学科的进展,居然还能在课堂上激情澎湃地讲得天花乱坠,这种既不喜新,又不厌旧的风格,不符合人性。所以,一个好的大学教师的基本职责当然是教学,但是如果放弃了科研,那么也就相当于自断了源头活水,难以长久。特别是对于年轻老师来说,这一点尤其重要。总之,不要把投身教学当作科研停滞的理由。这是我的第一点感触。

第二点感触是,从我的观察来看,一个人是更喜欢讲课互动,现场向他人讲授,还是更喜欢个人写作,通过文字与人打交道,这其中并无高低上下之分,而是往往受到每个人各自的成长环境、教育经历、能力结构和性格兴趣等因素的影响。每个人会选择最适合本人特点、最能发挥自我价值的生存和展示方式,可谓是人性趋利避害的理性选择。但是,在目前的高校体制下,在目前大学以科研为指挥棒而相对忽视教学的情况下,一个在学校里当老师的人,其最优化的理性选择可能恰恰是要把自己的科研放在第一位,分配更多的精力和时间。那么,为什么仍然有些教师能够不受至少不是完全受趋利避害的理性算计所导引和影响,而愿意拿出正常教学任务之外的时间,去思考和探索新的教学方法,坚持自己的教学理念,拿出大量的时间精力进行教学实践?为什么会出现这种违反理性人计算的选择?对此只有一个回答,那就是,他们对于教书育人的工作,或多或少都有一点情怀,无论程度深浅,都有一点理想主义者的精神。

今天来到这里的人,无论是授课的老师,还是不远万里来听课的老师,都是非常令人尊重的。他们甘愿放弃自己的生活时间,放弃自己的科研时间,而来传播和学习如何更好地去教书育人,如何更好地当一个老师,如何更好地把学生教好。这主要不是来自理性而是来自爱,来自对教学和对学生的爱,他们无愧于教师的称号。

以上所说的,是我作为一个教师个人的感触。最后,我也代表北京大学法学院和潘院长,表达一下我们主办方的心声。

和很多老师所在的院校一样,北京大学法学院也仅仅是全国数百家法学院校之一。我们之所以站出来,举办这个全国法学教育师资研修班,不是出于官方机构的权威支持,也不是为了培训赚钱,我们能够捧出来给各位的,就是一颗同道之间相互扶持和共同努力的热心。这个研修班是“学院搭台、学科唱戏”,是“北大搭台、全国唱戏”。我们邀请的嘉宾,不仅仅是北京大学自己的老师,还面向全国发出邀请,没有任何门户之见,邀请所有那些有丰富的教学经验、有独到的教学方法、有积极探索教学热情的一线教师,围绕某一学科或某一课程,将他们的经验、方法和热情与全国法学教师同行分享。在目前的大背景下,全国各地很多院校的老师们在各自的教学岗位上,往往是孤军奋战,有时候甚至不能得到与教学付出相匹配的评价。因此,我们举办这个研修班,就是为了从点滴做起,一点点改变学界重科研轻教学的风气。建设一个携手共进、抱团取暖的教学共同体,这已经是中国法学教育界迫在眉睫的重任。北京大学法学院当仁不让,义不容辞,愿意站出来迎接这个任务和挑战。

各位老师、各位同学,到了说再见的时刻,再次感谢所有的老师同学对本次研修班活动的支持!感谢刘凯湘、钱明星、葛云松、薛军、常鹏翱、张双根、许德峰、金锦萍、贺剑、茅少伟等诸位北京大学民法老师的全力投入!感谢刘哲玮、徐晓颖、梁晛、贾薇薇等老师和同学组成的会务组提供的细致服务!让我们把最后的掌声送给他们。北京大学的师资研修班会持续办下去,明年的9月10日教师节,希望能与更多的教师同行再见。

现在宣布,本次研修班活动顺利结束。谢谢大家!

构建法学教育共同体(代后记)

2019 年 9 月 4 日至 5 日,群贤毕至,少长咸集,首届全国法学教育师资研修班“民法教学方法:基础课与案例课”于北京大学(以下简称北大)法学院凯原楼报告厅成功举办。

首届全国法学教育师资研修班以民法学科的教学方法为主题,议程涵盖主题发言、课程教学展示和专题论坛等多元形式,邀请中国人民大学杨立新教授、清华大学崔建远教授、中国政法大学李永军教授、台湾大学吴从周教授、中南财经政法大学张家勇教授、华东政法大学金可可教授、南京大学朱庆育教授、西南政法大学孙鹏教授、中国政法大学于飞教授、上海财经大学朱晓喆教授、北京航空航天大学李昊副教授、北京师范大学袁治杰副教授和暨南大学方斯远副教授,以及北大法学院刘凯湘教授、钱明星教授、葛云松教授、薛军教授、张双根副教授、常鹏翱教授、许德峰教授、金锦萍副教授、刘哲玮副教授、贺剑助理教授和国际法学院茅少伟助理教授出席。

研修班同时迎来全国 80 余所院校的 100 名民法学科一线教师前来观摩讨论,以及由国内 22 所法学院校的 2017 级、2018 级本科生组成的班级作为授课对象参与教学互动。

全国民法领域知名大家、栋梁学者、青年才俊、莘莘学子齐聚一堂,老中青三代民法人在思想碰撞中,合力呈现了一场堪称“民法教学博览”的精彩学术盛宴。

一、主题发言

本次研修班第一单元是主题发言,由崔建远教授主持,杨立新教授、刘凯湘教授和李永军教授受邀参与。

杨立新教授的发言主题是“法学教育中的读写短板与纠正”。他指出,因本科教学时的忽视,法科生普遍存在阅读和写作两个短板。他从学生自身训练和老师的引导、教育两个方面,结合自身教学经验提出了改进方法。

刘凯湘教授认为,教师预设好授课目标并保持教学热情是教学效果的有力保障,在课件的准备、与学生的互动等方面都应当花心思推敲、琢磨。此外,他还强调教师应当重视传道与授业的关系,以及教学中原理与规则在授课时的相互促进。

李永军教授首先介绍了 1978 年以来中国政法大学的教学改革经验,并结合自身教学体会,强调了法教义学在民法教学中的重要性。他指出,教学与研究中应注重本土化资源的挖掘,不能单纯和盲目倚靠比较法研究和外文文献;在教学中要留意举例与判例的区别——前者侧重阐述原理,后者则体现了原理和规则的发展、变化甚至反复。

二、教学方法展示

研修班第二单元、第三单元和第四单元分别是民法基础课、民法案例课和大班互动式课程的教学方法展示与研讨。

第二单元"民法基础课教学方法展示与研讨"由常鹏翱教授、于飞教授主持,朱庆育教授、孙鹏教授主讲。两位老师以深厚的法学功底和精湛的授课技术,贡献了一堂以案例为基础、内容精彩、逻辑严谨、层次分明、结构工整的教学示范课。

朱庆育教授的授课主题是"限制行为能力与法律行为效力",他以限制行为能力人从事法律行为的效力为线索,条分缕析,借助法条间的对比与推敲,逐步深入地阐释了限制行为人自由实施的法律行为中对纯获益行为的判断、受管制法律行为中一元效力结构与二元效力结构的选择,以及催告与撤销制度中"同意与追认"的语词辨析和规则设计中所反映出交易双方的利益平衡,呈现出了完美的逻辑闭环。

孙鹏教授的授课主题是"违反强制性规定法律行为的效力",他以法院案例素材为研究基础,分四部分展开违法行为效力的研究。孙老师首先开门见山地梳理了违法行为效力的立法变迁;其次,明确规避范围,排除权利转移条件规范、私法权限规范、生效控制规范三类渊源;再次,在裁判立场上总结对资质管理、单方约束等特定行为的认定;最后,在思维范式上收尾,点明要辩证地看待立法论与裁判论在判断效力时所扮演的角色,并强调比例原则中的适合性、必要性和均衡性。

第三单元“民法案例课教学方法展示与研讨”由许德峰教授主持,金可可教授、葛云松教授与学生共同演绎。

金可可教授以2018级本科生为授课对象,从“书画风波案”切入,在一个小时的课时安排内高度还原、重现了华东政法大学民法案例研习课中助教引导分组讨论、争议焦点归纳、案例分析等教学过程,并向大家介绍了华东政法大学案例研习课的开设情况,分享了授课方法。

葛云松教授分享了他自2012年起与许德峰、张双根、刘哲玮、贺剑等老师一起在北大法学院推广民法案例研习课的经验,并以“侵占邻地案”为主题,以2017级本科生课前的案例作答情况为舵,以苏格拉底式的问答教学为方法,主要通过单向提问和引导同学间的思维对抗的方式推进案例研习,与同学们共同呈现了一场精彩又富于思辨的案例研习课。

第四单元“大班互动式民法教学方法展示与研讨”由钱明星教授、袁治杰副教授主持,茅少伟助理教授和方斯远副教授展示。

茅少伟老师授课的主题是“意思表示瑕疵:欺诈——民法基础课案例教学的一种尝试”。茅老师从一例商品买卖合同纠纷案切入,引出意思表示瑕疵的概念与轮廓。并借由一例凶宅买卖纠纷案的信息披露争议展开,结合法院裁判,以“老师提问—学生作答—老师及时补充与引导”的方式,在与学生充分互动下,抽丝剥茧地借助区分交易中公开与非公开信息、主观与客观信息对披露义务的影响等问题,完成了“欺诈构成要件”知识点下问题意识、案例主导、规则重述、体系收敛的逻辑进路。课堂上气氛活跃,知识层层推进,学生参与热情高涨。

方斯远老师授课的主题是“民法渊源:法的发现三阶层”,他强调问题意识的实现要从文本解读和功能视角进行挖掘,主要探讨了习惯和司法解释的法源问题。方老师在课堂中别开生面地设计了学生作业反馈环节,作业以文献综述的形式呈现,两位同学分别向大家细致演绎了作业完成的思路形成与实践过程,直观地展示了方老师的成功教学成果。

三、学术论坛

研修班内容丰富,形式多样,利用一切机会来充实研修活动。在白天的课程展示外,本届研修班专门安排了午餐沙龙和晚间学术论坛,别开生面的形式与精彩纷呈的内容为所有研修者带来了独特的收获与感悟。

利用午餐时间进行的“案例研习方法交流会”,由张双根副教授主持,张家勇教授、朱晓喆教授和李昊副教授主讲。

张家勇老师首先介绍了中南财经政法大学的民法教学经验,并指出本科法学教育应当担负起专业教育的任务,授课数量的提高和授课时间的保障有助于提高教学质量。此外,他还提出了理论、规则、案例相结合的学习方法,介绍了鉴定式案例教学的特点、培养方式和案例教学体系。随后,朱晓喆老师介绍了上海财经大学民法请求权研习课的开展情况。民法请求权研习课程主要运用涵摄方法,提高学生解答案例的能力、训练科学的论证说理能力以及文献检索和写作能力。他也结合自身感受提出了教学中的困惑,例如,案例课给定的案件事实难以锻炼学生在实际案件中的事实萃取能力。最后,李昊老师作为来自非政法类综合院校的代表,向大家介绍了北京航空航天大学案例课程情况,并就案例解题结构的程式化问题、鉴定式的解题体裁和法庭鉴定技术的引入发表了自己的观点。在提问环节,三位老师对课时问题、助教在案例课中的角色问题进行了回应。

晚间学术论坛的主题是“民法典时代的中国民法学”,由刘凯湘教授、薛军教授主持,杨立新教授、崔建远教授、钱明星教授、李永军教授、朱庆育教授、金可可教授受邀参加讨论,论坛盛况在网络上全程直播,吸引了众多网友围观,引起了极大的反响。

四、结语

“重科研、轻教学”已是中国高校内普遍存在的问题,但缺乏高质量的教学,作为科研后备军的学生无法在基础阶段接受到良好的教育,无疑将从根源上阻碍我国科研水平的持续发展。对于中国法学教育而言,想要扭转这一不利局面,既需要作为个体的教师主动发掘教学的意义与价值,也需要法学教育共同体的建构和引领。北大法学院举办公益师资研修班的意义就是通过优秀个体来构建教育群体。正如北大法学院副院长车浩老师在闭幕词中强调:北大法学院举办师资研修班,不是出于官方机构的权威支持,也不是为了培训赚钱,而是基于构建法学教育共同体的相互扶持和共同努力的热心,通过邀请那些有热情、有方法的名师,让他们展示教学本来应有的样子,彰显作为法学教育者的责任与使命。

师资研修班的特色是“学院搭台、学科唱戏”,“北大搭台、全国唱戏”。北大法学院邀请有丰富教学经验、独到教学方法、积极探索教学改革热情的一线教师,围绕某一学科或某一课程,将他们的经验、方法和热情与全国法学教师同行分享。时任北大法学院院长助理刘哲玮老师感叹,组织全国性的师资研修班异常辛苦,与传统的学术会议不同,教学性的研修班要想真正有所建树,从议题设置、会议形式、议程安排到材料准备、综述撰写等都需要精心设计安排,筹办这样一次活动,对组织者的时间精力可能是巨大的消耗,但让有志于法学教育的教师们团结在一起,分享理念,探索方法,本就是北大法学院义不容辞的使命和责任。

可喜的是,全国法学教育师资研修班所试图传递的理念正在得到越来越多人的认可,来自参会、研修的老师和同学们的肯定就是举办此类活动的最大动力。正如一位参加研修的老师所说:全国法学教育师资研修班的成功举办,无疑为这一教学共同体的建立打下了第一根坚实的桩基。当我们未来感慨中国的法学教育犹如江海般澎湃时,或许会无比怀念当年秋日下北大法学院流淌出的第一缕清泉。

赤子之心、同道之谊。中国法学教育的转型升级需要法学教育共同体的合力,北大法学院愿意在这一历史进程中扮演引领风气者,更期待能够与兄弟院校携手同行!